CANCELADO

A CULTURA DO CANCELAMENTO E O PREJULGAMENTO NAS REDES SOCIAIS

MARCELO HUGO DA ROCHA   E   FERNANDO ELIAS JOSÉ

PREFÁCIO   CRISTIANO NABUCO DE ABREU

2ª tiragem

Copyright © 2021 by Editora Letramento
Copyright © 2021 by Marcelo Hugo da Rocha
Copyright © 2021 by Fernando Elias José

Diretor Editorial | Gustavo Abreu
Diretor Administrativo | Júnior Gaudereto
Diretor Financeiro | Cláudio Macedo
Logística | Vinícius Santiago
Comunicação e Marketing | Giulia Staar
Assistente Editorial | Matteos Moreno e Sarah Júlia Guerra
Revisão | Daniel R. Aurelio – BARN Editorial
Capa | Gustavo Zeferino
Projeto Gráfico e Diagramação | Luís Otávio Ferreira

Todos os direitos reservados.
Não é permitida a reprodução desta obra sem
aprovação do Grupo Editorial Letramento.

Dados Internacionais de Catalogação na Publicação (CIP) de acordo com ISBD

R672c	Rocha, Marcelo Hugo da
	Cancelado: a cultura do cancelamento e o prejulgamento nas redes sociais / Marcelo Hugo da Rocha, Fernando Elias José. - Belo Horizonte, MG : Letramento, 2021.
	188 p. ; 15,5cm x 22,5cm.
	ISBN: 978-65-5932-018-9
	1. Comunicação. 2. Redes Sociais. 3. Cultura do cancelamento. 4. Julgamento. 5. Sofrimento. 6. Psicologia. 7. Como superar. 8. Psicológico. 9. Autoajuda. 10. Felicidade. I. José, Fernando Elias. II. Título.
2021-902	CDD 302.23
	CDU 316.774

Elaborado por Vagner Rodolfo da Silva - CRB-8/9410

Índice para catálogo sistemático:
1. Comunicação : Redes Sociais 302.23
2. Comunicação : Redes Sociais 316.774

Belo Horizonte - MG
Rua Magnólia, 1086
Bairro Caiçara
CEP 30770-020
Fone 31 3327-5771
contato@editoraletramento.com.br
editoraletramento.com.br
casadodireito.com

Grupo Editorial LETRAMENTO

9	AGRADECIMENTOS
13	PREFÁCIO
19	INTRODUÇÃO
23	**01 A CULTURA DO CANCELAMENTO**
25	Cancelar, eliminar e riscar
28	Caça às bruxas
30	Julgamento *miojo*
31	As redes sociais
33	Em jogo, os valores sociais
36	Terra de ninguém
37	As vítimas de cancelamento
39	Afinal, o que é cancelamento?
43	**02 VIGILANTES SOCIAIS**
45	Linchadores
47	Entre o bem e o mal, ser ou não ser?
49	Sorria, você está sendo vigiado
51	Redes ou prisões sociais?
53	Figura pública
55	Ativismo social
57	O que os olhos não veem, o coração não sente
59	Justiceiros *ad aeternum*
61	Afinal, quem são os vigilantes sociais?

65 — 03 CANCELADO, CANCELADOS E CANCELÁVEIS

- 67   O cancelado é sempre o mordomo
- 71   Humilhados
- 73   A vida imita a arte?
- 76   Boicote à plataforma de streaming
- 77   Atos, fatos e gatos
- 79   A jornalista, o médico e o monstro
- 81   1 milhão e 42 mil reais
- 82   Efeitos da pandemia
- 85   "Quem canta, seus males, espanta"
- 89   O que acontece em Hollywood, não fica em Hollywood

91 — 04 EMOÇÕES À FLOR DA PELE

- 93   Sua hora vai chegar!
- 94   Emociono, logo existo
- 96   Estamos cansados de sentir medo
- 99   Ansiedade, o mal do século
- 101   Depressão não é frescura
- 104   A vergonha de ter "culpa no cartório"
- 107   Estressados, nós?
- 109   O divórcio da vida

113 — 05 QUEM MANDA, O PENSADOR OU O PENSAMENTO?

- 115   A força do pensamento
- 117   O poder das crenças
- 120   Penso no automático, logo existo
- 121   Filtros distorcidos
- 124   "Pensamentos" rima com "sentimentos"
- 126   Afinal, quem manda, o pensador ou o pensamento?

129 — 06 COMPORTAMENTO, A VITRINE DA ALMA

- 131   Comportamento: fonte para julgamento
- 134   Vitrines sociais
- 135   Perfis conectados, vidas desconectadas
- 137   Autoestima e autocontrole
- 140   Distração e procrastinação
- 141   O poder do hábito
- 143   Questionamento socrático

145 — 07 ANTES DE TERMINAR

- 147   Quem sou eu para julgar?
- 150   Cancelando o cancelamento
- 152   O Dilema das Redes
- 157   O ódio alimenta o ódio e vice-versa
- 159   Cultura da vergonha e da humilhação
- 163   A perfeição para ser imperfeito

169 — REFERÊNCIAS E SUGESTÕES PARA APROFUNDAR

Dedicamos este trabalho a todos que são julgados pelos outros e sofrem muito com isso, especialmente, diante dos padrões das redes sociais.

MARCELO HUGO DA ROCHA E FERNANDO ELIAS JOSÉ

AGRADECIMENTOS

Sem o tempo necessário para me dedicar à pesquisa e ao conhecimento, jamais escreveria um único livro sequer. Assim, agradeço a todos que acreditam e contribuem com o meu trabalho, em especial, a minha família.

— MARCELO HUGO DA ROCHA

Agradeço a minha esposa Laureane e aos meus filhos Caroline e João Vitor, parceiros de todas as horas. Aos meus pais João e Eny (in memoriam), que lutaram bravamente contra as adversidades que a vida lhes impôs. Agradeço também ao meu querido colega Marcelo Hugo da Rocha, idealizador desse projeto, pelo convite em escrever este livro com ele.

— FERNANDO ELIAS JOSÉ

PREFÁCIO

A internet mudou de forma decisiva nossa relação com a vida e isso é um fato. Em um mundo com uma população estimada de 7.7 bilhões de pessoas, 4.3 bilhões realizam o acesso regular à web. Com relação aos celulares, nada muito diferente: 6,39 bilhões já possuem uma linha móvel. Antropólogos estimam que a mudança promovida pela pelas novas tecnologias e pela internet, já estão sendo comparados a descoberta do fogo no período neolítico em termos de repercussões sociais. A ordem de grandeza é tão expressiva que, a cada 10 pessoas no mundo, 6 acessam a web, regularmente. Infelizmente, esse "desenvolvimento" mostra-se um tanto quanto paradoxal, pois a cada 10 pessoas do planeta, 6 também ainda não possuem acesso à água potável e ao saneamento básico.

A perspectiva ininterrupta de conexão que é vivenciada pela população atual – principalmente, entre os adolescentes -, está mudando drasticamente o entorno pelo qual estão todos sendo criados. E, a chamada Geração Digital, caracterizada por jovens que nasceram entre 1990 e 2000 e que cresceram sob a perspectiva de sempre poderem estar em contato com alguma mídia digital, ocasionou mudanças importantes junto ao comportamento humano.

Por exemplo, junto aos eletrônicos. Sabe-se que as telas digitais são, de forma recorrente, os presentes mais pedidos (cerca de 85%) pelas crianças e adolescentes, nos Natais passados, em países como a Inglaterra ou os EUA, apontam as pesquisas.

Muito embora esse deslumbramento com a web seja um fenômeno mundial, há um importante véu que precisa ser descortinado para que a totalidade de seus impactos possa ser melhor dimensionada, uma vez que nem sempre o uso da internet mostra-se um recurso tão saudável e positivo assim.

Pesquisas indicam que usar o computador de forma patológica, é mais frequente do que se imagina. Na China são contabilizados mais de 150 hospitais psiquiátricos voltados única e exclusivamente ao tratamento das dependências tecnológicas em jovens e adultos. Uma investigação composta de meio milhão de adolescentes americanos mostrou que, aqueles que gastavam mais tempo usando as telas digitais, foram os que reportaram os maiores níveis de problemas de saúde mental.

E, claro, nem precisaríamos estar falando dos quadros de desequilíbrio ou doença mental. Uma pesquisa conduzida no Reino Unido com 5 mil estudantes revelou que 2/3 estariam mais felizes se as redes sociais nunca tivessem sido inventadas e 52% relataram que usar as redes faz que se sintam menos confiantes a respeito de quem são.

Notório a todos, portanto, o uso irrestrito e irresponsável das telas digitais vem se tornando um problema cada vez maior a medida em que a disseminação da web avança, embora o reconhecimento social mais amplo ainda sofra com certa letargia e displicência.

Nesse sentido, a presente obra "Cancelado: A cultura do cancelamento e o prejulgamento nas redes sociais" vem em um excelente momento, pois cumpre um papel importantíssimo a respeito do esclarecimento de certos comportamentos digitais muito frequentes em nossa contemporaneidade.

Marcelo Hugo da Rocha e Fernando Elias José apresentam suas ideias de uma maneira elegante, clara e, mais do que isso, muito bem escrita, valiosíssimas reflexões a respeito do comportamento social na internet e, principalmente, acerca dos problemas frequentemente encontrados quando o assunto é o cuidado com nossa imagem pública na rede mundial e, além disso, o que a nova cultura digital oferece de oportunidades e de risco a nossa reputação.

Por fim, agradeço a oportunidade aos autores por ter tido em contato em primeira-mão a tantas ideias originais na certeza de que essa publicação será um novo guia de referência a todos que transitam no espaço virtual de nossa modernidade.

DR. CRISTIANO NABUCO DE ABREU
Coordenador do Grupo de Dependências Tecnológicas
do Instituto de Psiquiatria do Hospital das Clínicas da
Faculdade de Medicina da Universidade de São Paulo

BIBLIOGRAFIA BÁSICA

Abreu, CN, Góes DS, Lemos IL (2020). Como lidar com dependência tecnológica: Guia prático para pacientes, familiares e educadores. SP: Hogrefe Editora.

Abreu, CN, Eisenstein E, Esteferon SGB (2013). Vivendo esse mundo digital: Impactos na saúde, na educação e nos comportamentos sociais. Porto Alegre: Artmed Editora.

Young K, Abreu CN (2019). Dependência de internet em crianças e adolescentes: Fatores de risco, avaliação e tratamento. Porto Alegre: Artmed Editora.

Young K, Abreu CN (2011). Dependência de internet: Manual e guia de avaliação e tratamento. Porto Alegre: Artmed Editora.

INTRODUÇÃO

Você pode logo nos perguntar se temos medo de sermos também *cancelados*. Temos medo de sermos *injustiçados* e o cancelamento é, por si só, um ato *injusto* que deseja fazer *justiça*. Porém, não se faz *justiça* com instrumentos ou ferramentas *injustas*, como é o caso da cultura do cancelamento e da humilhação pública. É uma reação totalmente inadequada, que causa mais prejuízos do que o próprio dano que está se tentando reparar. Mas temos medo de *cancelar* os outros? Corríamos o risco até a conclusão deste livro, cuja pesquisa lembrou que somos vulneráveis a erros e eles não podem justificar novos erros.

Há muitas formas de reagir na internet quando algo nos incomoda, mas nenhuma delas passa por destruir ou aniquilar quem ousou nos aborrecer. É simples entender com um exemplo. Deixar de ir num restaurante, porque foi mal atendido ou não gostou da comida é uma coisa. Compartilhar a opinião com os amigos sobre a experiência ruim está dentro da liberdade de expressão. Porém, querer angariar outras pessoas que nunca pisaram no referido lugar para queimar ou destruir a reputação do mesmo porque tinha uma "mosca na sopa", como Raul Seixas já cantou, ou porque o atendimento foi péssimo, é motivo para se preocupar.

Essa é a nossa preocupação e de muita gente que percebeu para onde está levando toda a raiva canalizada, principalmente, nas redes sociais. O discurso do ódio é um vírus que se propaga tão rápido quanto qualquer outro e não escolhe as vítimas. Diversas empresas estão sendo fechadas, páginas da história arrancadas para serem reescritas e pessoas tirando a própria vida pela pressão do prejulgamento virtual. Não há dúvidas que as pessoas no futuro ficarão escandalizadas com a raiva coletiva dos dias atuais. É o mesmo que sentimos quando olhamos os julgamentos públicos de séculos atrás de pessoas acusadas de heresia e terminavam queimadas vivas em fogueiras.

Os tribunais populares de hoje estão nas redes sociais, mas o *modus operandi* segue o mesmo das épocas da barbárie: humilhação e exposição pública. Com o passar do tempo, a cultura dá muitos "apelidos" para essas injustiças e o modo de execução – agora é a Era do Cancelamento. O objetivo de *cancelar* é marcar alguém como fosse com ferro em brasa para ser perpétuo. O Google é o Purgatório que muitos querem que ele seja, para que os pecadores e os seus pecados não sejam esquecidos. Pode parecer contrassenso da nossa parte lembrá-los aqui, no entanto, buscamos uma nova leitura sobre eles longe da influência das mídias sociais. Ademais, não temos o poder de apagar o passado, nem o STF permite o direito ao esquecimento, porque seria incompatível com a nossa Constituição, mas podemos encarar um futuro melhor.

Nesse sentido, omitimos os nomes dos "réus" dos processos instantâneos de humilhação e cancelamento, para evitar prejulgamentos ao contextualizar os fatos e as consequências. Você pode saber de quem se trata, mas deixe de lado qualquer avaliação anterior sobre o caso e a pessoa para enxergar de forma neutra. Por isso, não tentamos nenhum tipo de contato com as pessoas, cujas histórias estão no livro, para evitar algum tipo de privilégio diante da notícia. Assim, nós e vocês, estamos lidando com as mesmas notícias publicadas pela mídia. Além disso, o objetivo nunca foi julgar os fatos nem os envolvidos. Possíveis crimes e indenizações que sejam avaliados por juízes de verdade e dentro de um processo regular.

Desejamos que a leitura faça você alcançar o mesmo estado de reflexão que, nós, escritores, chegamos ao final deste livro. Ao conhecer, revisitar os casos e a lidar com o tema, evoluímos. Definitivamente, nos tornamos mais humanos com o próximo. Confessamos que foi um efeito colateral positivo não esperado. É óbvio que ninguém é perfeito, mas obviedades também precisam ser lembradas de vez em quando. Somos "imperfeitos por natureza", vivendo e aprendendo com nossos erros e acertos, fracassos e vitórias, além de observar o que os outros fazem ou deixam de fazer, pois não vivemos numa ilha deserta. Precisamos aprender a perdoar para ensinar os outros a fazerem o mesmo, pois somos vulneráveis o suficiente para vivermos o perdão.

Perdoe-nos, se não gostarem.

OS AUTORES

01 A CULTURA DO CANCELAMENTO

"Antes de julgar a minha vida ou o meu caráter, calce os meus sapatos e percorra o caminho que eu percorri, viva as minhas tristezas, as minhas dúvidas e as minhas alegrias."

(FRASE ATRIBUÍDA A CLARICE LISPECTOR)

CANCELAR, ELIMINAR E RISCAR

Em julho de 2019, após seu noivo ter desistido de casar na véspera do matrimônio uma blogueira de 24 anos decidiu, assim mesmo, manter a festa e seguiu com a cerimônia para realizá-la sozinha, "consigo mesma". Ela gravou um vídeo e compartilhou no Instagram para explicar a situação e justificar o seu ato para, de algum modo, buscar apoio de seus seguidores e inspirar outras pessoas a festejar o amor-próprio. No entanto, o caso viralizou e trouxe a reboque aqueles que a condenaram por "querer chamar a atenção". Um dia depois, ela tirou a própria vida.

No ano seguinte, também em julho, nos Estados Unidos, durante o isolamento social, um famoso gamer e influenciador, de 31 anos, pediu sua namorada, jogadora como ele, em casamento via Twitter. Eles não se viam há seis meses, em razão da pandemia, mas antes de ela decidir, ele acabou sendo julgado e condenado naquele mesmo dia pelos internautas, que o acusaram de constranger e gerar pressão na moça para aceitar o casório. Foi encontrado morto horas depois – o suicídio foi confirmado posteriormente.

É verdade que ambos tinham histórico de depressão, mas não isenta de culpa o Tribunal da Internet, que expõe, julga, condena e executa. Tornar-se "cancelado" por uma massa crítica impiedosa nas redes sociais, infelizmente, vem se tornando cada vez mais comum e presente com consequências não só no contexto virtual, como no mundo fora das telas. É a *cultura do cancelamento*. Não só pessoas estão sendo vítimas de uma regulação coletiva extrema, mas estátuas, a arte, as corporações e instituições vêm sendo perseguidas por uma "Justiça" que não oferece defesa a quem está sendo julgado, ou seja, ela é de mão única. Não há advogados, apenas *justiceiros* que acreditam na expurgação como pena imediata.

No final de 2019, o site Techtudo listou 17 gírias que surgiram na internet nesta última década, e "cancelar" é uma delas. De acordo com o *site*, o verbo tem uma nova conotação, pois serve quando "a pessoa sofre um boicote por parte dos usuários, que suspendem seu apoio a ela". Desde 2006, o dicionário australiano *Macquarie*, seleciona a "palavra do ano". Em 2019, sua equipe escolheu a "cultura do cancelamento" (*cancel culture*). Também chamada por *call-out culture*, a comissão a definiu como:

> As atitudes dentro de uma comunidade que exigem ou provocam a retirada do apoio de uma figura pública, como cancelamento de um papel de ator, banir a tocar a música de um artista, remoção das redes sociais, etc., geralmente, em resposta a uma acusação de ação socialmente inaceitável ou comentário da figura.

Veja que o sinônimo imediato do verbo "cancelar" é *eliminar*, ou seja, anular *algo*, alguma coisa. No entanto, o lado perverso da internet trouxe a ideia de anular *alguém* ou bani-la. Assim, se antes era possível cancelar a assinatura de um serviço, a matrícula de um curso ou um compromisso, agora "podemos" estender o cancelamento para as pessoas também, e não precisa passar pelo incômodo de ser atendido por uma assistente de call center que demora para nos socorrer: é aqui e agora, um clique ou toque na tela com o dedo, ainda no calor das emoções!

Não muito longe dos dias de hoje, quando as agendas telefônicas impressas eram essenciais para guardarmos os contatos, bastava apagar ou riscar o nome da pessoa quando não havia mais interesse nela, por qualquer razão que fosse. Geralmente, eram nomes de ex-namorados ou ex-namoradas. Outras vezes, os próprios contatos pediam para tirar o nome da agenda como forma de protesto ou mágoa. A dupla sertaneja Bruno e Marrone até hoje canta o sucesso "Telefone Mudo":

> Eu quero que risque o meu nome da sua agenda
> Esqueça o meu telefone não me ligue mais
> Porque já estou cansado de ser o remédio
> Pra curar o seu tédio, quando seus amores não lhe satisfazem.

Os smartphones adotaram esta dinâmica nos seus gadgets com a lista atualizável de contatos, além dos aplicativos de mensagem instantânea, como WhatsApp e Telegram, que surgiram para substituir muito o jeito de nos comunicarmos com os outros. O "riscar" o nome se tornou "apagar" o contato ou até bloqueá-lo, caso seja necessário em razão de uma insistência indesejada. Em geral, o ato de apagar, excluir ou remover é limitado a quem faz. Essa é a diferença de *cancelar*, pois aqui há envolvimento plural, de outras pessoas, com o mesmo objetivo de apagar um nome da convivência coletiva "como forma de expressar desaprovação e exercer pressão social" (define o Dicionário Merriam-Webster).

A fúria coletiva que alimenta o processo de cancelamento é muito bem descrita por uma cantora pop numa entrevista para revista *Vogue*, quando precisou encará-la após envolver-se numa polêmica com outros astros da música e do entretenimento:

> Uma humilhação pública em massa, com milhões de pessoas dizendo que você está 'cancelada', é uma experiência que isola muito. Não acho que há muitas pessoas no mundo que realmente conseguem entender o que é ter milhões de pessoas te odiarem em volume máximo. Quando você diz que alguém foi 'cancelado, não é um programa de televisão. É um ser humano. Você está mandando um monte de mensagens para esta pessoa simplesmente calar a boca, desaparecer ou até passar a mensagem de que ela deve se matar.

Assim, na concepção da cultura do cancelamento, não basta mais apagar o nome de alguém dos próprios contatos – é preciso expor as causas da exclusão e angariar que outros façam o mesmo. Além disso, é necessário que o cancelado sofra de outros modos, que seja humilhado com a perda do emprego ou de oportunidades comerciais, que encerre as atividades, que não tenha mais qualquer tipo de relacionamento, enfim, que seja esquecido para sempre, mas não o que levou ao seu esquecimento.

Em Atenas, na Grécia Antiga, para manter a qualidade democrática da sua ordem política diante de possíveis ameaças corruptíveis, morais ou materiais, era prevista a pena de *ostracismo* para aqueles condenados pelo voto dos cidadãos atenienses. O ostracismo era um castigo que resultava na expulsão do condenado pelo período de dez anos. A intenção era que a pessoa banida caísse no esquecimento em razão do afastamento, pois "quem não é visto, não é lembrado". Por isso que muitos se utilizam da expressão *"cair no ostracismo"* quando alguém desaparece das mídias. Os historiadores afirmam que até o famoso filósofo Sócrates teria sido banido de Atenas, mas ele preferiu a morte do que enfrentar o ostracismo.

CAÇA ÀS BRUXAS

Numa breve pesquisa na Wikipédia, a expressão "caça às bruxas" cabe ao movimento popular como forma de perseguição aos imorais, àqueles que desprezavam os bons costumes e aos socialmente indesejáveis. Na sua grande maioria, os julgamentos eram seguidos da execução sem nenhum tipo de defesa. Observe que "bruxa" não é aquela representação dos contos de fadas da Disney de uma senhora ardilosa com uma maçã envenenada na mão. Qualquer um, homem ou mulher, poderia ser queimado vivo pela implicância dos vizinhos, familiares ou alguém que apontasse o dedo com uma denúncia de bruxaria reforçada por fake news. Basta lembrar daquela senhora que mora no apartamento 71 e que todo mundo a chama de "bruxa".

De acordo com o livro *O martelo das feiticeiras*, escrito em 1486 por inquisidores, nos informa que um processo contra o crime de bruxaria poderia ser instalado por três métodos: partir da acusação de alguém com provas de heresia; por uma denúncia sem provas de quem não quisesse se envolver, diretamente, com a causa; e, por fim, sem acusador ou informante, apenas por uma denúncia geral, o juiz solicitar a inquisição na localidade ou cidade. A tortura era uma das fases do processo para chegar na confissão e ter uma sentença "justa".

A letra escarlate [*The Scarlet Letter*] é o título de um livro publicado em 1850, escrito por Nathaniel Hawthorne, cuja história passa duzentos antes, numa colônia puritana nos Estados Unidos. O drama foi filmado algumas vezes, inclusive há uma versão, de 1995, dirigido por Roland Joffé e com a atriz Demi Moore no papel principal. A protagonista é uma jovem mulher chamada Hester Prynne, que se muda para uma localidade, deixando seu marido para trás – ele deveria encontrar-se com Hester em breve. Ocorre que isso não acontece e ela passa a imaginar que ele tenha morrido. Então Hester se envolve com outro homem e engravida. As pessoas passam a acusá-la de adultério e então ela é condenada em praça pública a usar uma *letra A* vermelha costurada na roupa para lembrar que é *adúltera*.

Percebe-se que, nos dias atuais, o julgamento social continua criando as suas *letras escarlates* não só para o adultério, mas para qualquer atitude que possa ser reprovável. Como a protagonista do livro, quem recebe sua letra escarlate torna-se um pária da sociedade ou da comunidade em que está inserido. No seu livro *Acredite, estou mentindo*, o escritor e estrategista de mídia Ryan Holiday enfatiza esses fatos com o que é realizado hoje pela mídia on-line.

> Pense nos julgamentos das bruxas de Salem: não foram procedimento legais, mas cerimônias. A essa luz, os eventos de trezentos anos atrás parecem muito reais e atuais. Eles usaram provas inventadas e força do mesmo modo que nós usamos especulação e sensacionalismo. O nosso é apenas um método um pouco mais civilizado para acabar com alguém.

A Santa Inquisição, criada pela Igreja Católica ainda na Idade Média, também perseguiu quem contestasse os dogmas católicos, a fim de eliminar qualquer resistência. Ser chamado de "herege" era como ser sentenciado a morte, enfrentando julgamentos parciais e rápidos, destinado a terríveis penas em praças públicas como forma de servir de exemplo para comunidade local. Galileu Galilei, famoso astrônomo italiano, quase morreu queimado por *teimar* que a Terra girava em torno do Sol e não o contrário, como defendia a Igreja e a teoria ptolomaica. Outros não tiveram a mesma sorte. Afirmam que o genial Leonardo da Vinci também escapou por pouco. Em razão das suas pesquisas e invenções, o pintor de *Mona Lisa* foi perseguido insistentemente pelos inquisidores.

Porém, as perseguições e execuções públicas não ficaram restritas a um passado muito distante. Em pleno século XXI, com toda a informação que temos, a modernidade que usufruímos e o conforto que alcançamos, as pessoas são apedrejadas até a morte em razão de adultério ou homossexualidade. Outras penas cruéis, como a mutilação de pés e mãos, seguem previstas em muitos ordenamentos jurídicos para quem comete roubo. Inclusive o fuzilamento e enforcamento prosseguem em países que recebem muitos turistas ocidentais bem instruídos.

No entanto, poderíamos cogitar que tudo isso ocorre somente em nações cujas culturas são atrasadas ou naquelas em que há ditadores que defendem uma interpretação extremista de religiões. Não é, ou não deveria ser, o caso do nosso país. A nossa Constituição Federal, inclusive, garante que *ninguém será submetido a tortura nem a tratamento desumano ou degradante*, e que *não haverá penas de morte,* exceto em caso de guerra, *de banimento* e *cruéis*. Porém, o linchamento é uma prática que, infelizmente, ocorre no Brasil não só à margem da sociedade civilizada, como também à luz do dia nos centros urbanos.

JULGAMENTO *MIOJO*

Ninguém ousa discordar que no Brasil a "Justiça é lenta". Muitas vezes ela também é acusada de ser *cega*, mas no sentido de proteger apenas uma minoria privilegiada. Então, quando o Supremo Tribunal Federal (STF) conclui um processo que se arrastava há 125 anos, fica difícil argumentar em sentido contrário. A lentidão da Justiça brasileira tem muitas razões para se creditar, no entanto, aos olhos do leigo, o primeiro fator que vem à mente é que há muitos recursos para serem julgados, além de um número inimaginável de processos. Esse é um sinal que leva muitos a assumirem o papel de juízes o que, não raro, acaba em justiça com as próprias mãos ou em linchamento.

Nos tempos da internet, a vigilância e o patrulhamento facilitaram a instalação dos "tribunais particulares", pois cada opinião ganhou a amplitude de uma sentença pública. Criaram-se *tribunais de exceção*, o que o Direito conceitua como julgadores que são constituídos depois da ocorrência dos fatos para julgá-los, sem respeitar o devido processo e a competência de quem realmente tem para sentenciar. A Constituição Federal, por óbvio, proíbe esse tipo de tribunal, pois não há garantia de imparcialidade. Por exemplo, imagine um torcedor de determinado time que é acusado por ferir alguém da torcida adversária, e para julgar esse crime, chama-se outro torcedor fanático do mesmo time do agressor para dar a sentença. Alguém tem dúvida que o agressor será absolvido?

O julgamento pelas redes sociais carrega essas cores e preferências, numa cegueira seletiva, em que não é possível coexistir opiniões diversas. Quem não pensa igual ao grupo está fadado a ser excluído por ele. Além disso, há uma disputa silenciosa de quem deveria levantar o troféu do mais justo e moral, o que torna qualquer equívoco a prova de que somos merecedores da medalha da honestidade e humanidade, mesmo que se precise expor os amigos e familiares. Um erro é suficiente para condenar como errante quem atropelou nossos princípios.

Geralmente, os temas que correm grande risco de serem *cozinhados* em menos de três minutos na panelinha das redes sociais e levados a uma sentença instantânea são posicionamentos ideológicos, políticos, religiosos, futebolísticos, racistas e sexistas. Mas o cardápio polêmico é muito mais amplo e diversificado. Quando há vídeos e fotos como provas, então, a refeição ficará completa e bem temperada, não importando se ela está crua: ela irá alimentar os apressados por "Justiça".

Suspeitos, mal interpretados, irônicos e brincalhões se tornarão culpados tanto quanto quem, realmente, errou. Portanto, o princípio da presunção de inocência não existe nesse âmbito, aquele que garante que *ninguém será considerado culpado até o trânsito em julgado de sentença penal condenatória* e que também está na Constituição Federal. Se há crime a ser investigado, que a polícia exerça o papel dela. O Ministério Público também tem autoridade para se envolver e, se identificado como crime, que seja um magistrado para sentenciar no caso.

Outro princípio constitucional que não faz parte do *cozimento* do julgamento *miojo* é que *nenhuma pena passará da pessoa do condenado*. Apesar de o nome parecer estranho, denomina-se como o princípio da intranscedência. Porém, os tribunais das redes sociais estendem a pena aos familiares de quem foi condenado, além daqueles que, por azar, são homônimos. É comum achar um alerta na descrição de perfis com o mesmo nome de quem foi cancelado: "não é quem vocês estão procurando". O fato é que quando julgamos os outros, isso diz muito mais sobre nós do que aquele que é alvo. Aquele ditado popular é certeiro: "quando Pedro fala de Paulo, sei mais de Pedro do que de Paulo".

AS REDES SOCIAIS

De acordo com Raquel Recuero, em seu livro *Redes sociais na internet*, uma rede social é definida como um conjunto de dois elementos: os *atores*, que são os usuários ou perfis, representando pessoas ou instituições; e as suas *conexões*, também chamadas de laços sociais, que é a interação entre eles. Os *atores sociais*, então, expressam sua personalidade e individualidade, como uma "presença do 'eu' no ciberespaço, um espaço privado e, ao mesmo tempo, público".

Sendo assim, é fácil definirmos a pessoa do ator por aquilo que ele representa no teatro social das redes. Se ele veste a fantasia de repugnante, assim ele é por baixo dela. É um atalho cognitivo, um rótulo que serve para facilitar o julgamento e alertar para possíveis ameaças. Por exemplo, se alguém compartilha no próprio perfil muitas fotos de pets fofos, provavelmente será uma pessoa confiável, com quem se pode manter um laço social, por meio de curtidas, *emojis* ou interações. Por outro lado, quem vive de ironias, no limite e na polêmica, permite-se ao julgamento de ser uma pessoa perigosa. No entanto, pode ser que a primeira pessoa seja um psicopata em pele de cordeiro e, a segunda, alguém solitário, que procura atenção nas suas postagens.

Nesse sentido, não é difícil achar nas páginas policiais casos de pessoas que foram enganadas por perfis que interpretaram um papel, contando uma história, para tirar algum proveito financeiro de quem acreditava neles. Em geral, são vítimas de um relacionamento que inicia virtualmente, mas nunca chega a concretizar-se fora das telas dos *gadgets*, pois o golpe ocorre antes. Assim, as redes não são apenas um conjunto de atores sociais, mas também de interações produzidas entre eles, na qual há expectativas por parte de cada um com o envolvimento que espera dos demais.

Um pouco antes do fenômeno do Orkut no Brasil, a partir de 2004, o sucesso do programa Second Life antecipou como seriam as redes sociais. Muitos consideravam a plataforma como um jogo, onde se levava, literalmente, uma "segunda vida" dentro de cenários tridimensionais. Inclusive empresas reais divulgavam seus produtos durante a interatividade dos "jogadores" (ou avatares) dentro de uma simulação de um mundo virtual. Ocorre que os "perfis sociais" das novas redes, como o Orkut e, depois, o Facebook eram mais reais, e acabaram se popularizando e tomando a atenção de todos.

Apesar de muitos ainda levarem uma "segunda vida" nelas, as redes sociais assumiram um papel muito importante na realidade das pessoas e das empresas. Há quem não consiga mais viver sem elas. Segundo dados de uma pesquisa, o Brasil foi, em 2019, o segundo país com maior média diária on-line em mídias sociais: 225 minutos. Em outras palavras, nós gastamos, diariamente, mais de três horas e meia numa das tantas redes disponíveis, o que inclui, além das citadas, Youtube, WhatsApp, Instagram, LinkedIn, Pinterest, Snapchat e TikTok.

A título de comparação, o tempo é quase o dobro diário de quem inventou grande parte das redes, os Estados Unidos. Se tirarmos o tempo regulamentar de oito horas diárias de sono, pois enquanto dormimos, por lógico, não estamos nelas, as mídias sociais consomem mais de 20% do nosso tempo enquanto estamos acordados. Dada a importância que as pessoas dimensionam a elas, os fatos e as opiniões compartilhadas tomam enorme proporção. Se em outros tempos era necessário subir num caminhão com um megafone na mão para fazer a voz ser levada a grandes distâncias e multidões, hoje ecoar uma opinião ou engajar outras à mesma causa, basta ter um perfil social.

Todos nos transformamos em potenciais digital influencers, para o bem e para o mal. "Curtidas", "gostei" (ou "joinhas") e "não gostei", likes (e dislikes), seguidores (follows e unfollows), inscrições, visualizações, memes, hashtags e emojis servem como combustível que mantém em funcionamento todo o mecanismo social do ambiente virtual. A quantidade, então, é o indicador da popularidade ou impopularidade e do alcance das publicações. E quando "viraliza" algo, seja um vídeo, um post, uma notícia ou imagem e até um meme, então o alcance é incalculável. Assim, é indiscutível que haja moedas ou valores sociais em jogo. Como todo jogo, quem entra para perder?

EM JOGO, OS VALORES SOCIAIS

Um dos jogos clássicos para videogame, criado na década 1980, Super Mario traz o protagonista numa aventura para pegar moedas e sobreviver às armadilhas. Grande parte dos games tem a mesma premissa de conquistar recompensas e agradar seus jogadores. As máquinas de cassino mais populares são aquelas caça-níqueis e o barulho das moedas, quando caem, é a recompensa viciante. As redes sociais seguem a mesma dinâmica, de liberar a dopamina, a substância química lembrada como o "hormônio do prazer". Quem não se sente *bem* quando publica uma selfie e ganha um monte de curtidas ou *coraçãozinhos*?

Nas redes, os valores em apreço são intangíveis, ou seja, dizem mais a respeito à autoestima dos internautas do que um valor que se possa depositar diretamente numa instituição financeira. Por outro lado, esses valores podem ser monetizados, vide os influenciadores digitais profissionais. Raquel Recuero os denomina de *valores sociais* e identifica quatro deles como os mais perseguidos pelos usuários nas redes: visibilidade, reputação, popularidade e autoridade. Há outros, mas esses são os mais caros e protegidos quando navegamos nos mares nada tranquilos do oceano social da internet.

A *visibilidade* é um valor intrínseco ou fundamental da própria rede. Quando criamos um perfil, mesmo que não tenha qualquer publicação ou interação com os demais integrantes, ele estará visível. Os demais valores exigem um mínimo de interatividade social. É como ser escalado para "representar" uma árvore numa peça infantil: estará visível a todos, apesar de a árvore *ficar na sua*. No entanto, a ideia não é essa, pois para a maioria o desejo é ao menos representar uma árvore num filme de Hollywood, cuja probabilidade de ser visto é incalculavelmente maior.

Quanto à *reputação*, é como você se enxerga, como os outros lhe enxergam e essa relação. Portanto, não é uma percepção quantitativa, de quantos usuários seguem um perfil, mas qualitativa. Por exemplo, o modo que é conquistado o número de seguidores no Facebook ou Instagram influencia também o modo que ocorre a interação quando se posta uma foto ou texto. Assim, não adianta ter 100 mil seguidores, quando apenas cem interagem com o perfil. Na verdade, a reputação é o resultado das conexões entre os usuários.

Já a *popularidade* diz respeito à audiência. Ela é mais facilmente medida, pois as redes oferecem muitas ferramentas para sua medição e análise. Portanto, o seu valor é meramente quantitativo. Há uma crença segundo a qual se que pode indicar reputação em razão do número de seguidores de um perfil, mas cada vez mais as empresas estão buscando engajamento nas conexões dos potenciais divulgadores de suas marcas e produtos – portanto, qualidade. Popularidade está mais para o alcance de um longa-metragem hollywoodiano, cujo papel seja de uma árvore, do que ser protagonista num filme asiático premiado.

O último valor social é a *autoridade*, que trata do poder de influência em determinado nicho. Trata de valor qualitativo também como a reputação, mas é a medida de influência a ser avaliada. Primeiro se alcança a reputação; depois, a autoridade. Em geral, quando passam a compartilhar o que determinado perfil produz, é a autoridade aparece, pois estará influenciando outros a validarem (ou comprarem) o conteúdo. A autoridade traz o poder que uma boa reputação criou.

Assim, quando se busca machucar alguém, procura-se atingir os valores ou algo que mais preza a vítima. Todos os quatro valores sociais elencados são, assim, alvos em potencial a serem destruídos pelo cancelamento e pela humilhação. Alguns têm mais importância do que outros, dependendo do cancelado. Por exemplo, uma cantora poderá estar mais preocupada em perder a sua popularidade, caso seja banida pelos seus comentários interpretados como racistas, do que um pesquisador, caso seja acusado de plágio e tenha sua autoridade ameaçada.

Para o filósofo da "modernidade líquida", Zygmunt Bauman, no seu diálogo com o sociólogo David Lyon transcrito no livro *Vigilância líquida*, o que atraiu (e atraem até hoje) as legiões de usuários ao Facebook é a perspectiva de duas coisas que não sabiam onde procurar até então:

> Em primeiro lugar, eles deviam se sentir solitários demais para serem reconfortados, mas achavam difícil, por um motivo ou outro, escapar da solidão com os meios de que dispunham. Em segundo lugar, deviam sentir-se dolorosamente desprezados, ignorados ou marginalizados, exilados e excluídos, porém, mais uma vez, achavam difícil, quiçá impossível, sair de seu odioso anonimato com os meios à disposição. Para ambas as tarefas, Zuckerberg ofereceu os recursos até então terrivelmente ausentes e procurados em vão; e eles pularam para agarrar a oportunidade.

Mesmo que alcançássemos o número máximo de "amigos" do Facebook e angariar tantos outros de milhares de seguidores nas demais redes sociais, para aquietar a solidão ou sair do anonimato, segundo o "número de Dunbar", o máximo de amizades ocorrerá por volta de 150 pessoas. Numa entrevista para revista *Veja*, o antropólogo e psicólogo britânico Robin Dunbar, responsável por essa equação, desfaz a impressão de que uma quantidade maior de "amigos" no Facebook irá trazer um maior número de amizades efetivas. Segundo ele, desde os primórdios, essa é a nossa capacidade de relacionamentos significativos.

Dunbar afirma que "dos 150 amigos, cinquenta são considerados bons amigos. Desses, apenas quinze podem ser chamados de melhores amigos. E entre eles, somente cinco pertencem à categoria dos amigos íntimos". Os diferentes graus de amizade e intimidade são verificados na frequência do contato e na sua intensidade, o que inclui os familiares. Todos os outros amigos das redes sociais, além dos 150, seriam meros *voyeurs*. A relação paradoxal é que as mesmas redes nos aproximaram de pessoas distantes, mas nos afastaram das pessoas próximas, ou que estariam dentro do "número de Dunbar".

TERRA DE NINGUÉM

Muito tem sido escrito e debatido sobre a afirmativa de que a "internet é terra de ninguém". Ela não é de hoje, mas ainda alimenta uma sensação de impunidade ou de falsa responsabilidade do que é postado ou compartilhado na internet e pelas redes sociais. As fake news, em particular, representam um estrangeirismo que mascara diversos crimes cometidos contra a honra, como injúria, calúnia e difamação. Sob um olhar semântico, dizer que "compartilhei fake news" de alguém não carrega qualquer sentimento de culpa, ou se carrega, ela é mínima. Agora, dizer que "cometi um crime contra a honra" já traz outras implicações, não só de ordem jurídica, como de grande responsabilidade pessoal.

Tem aqueles que se defendem afirmando que compartilhar *falsas notícias* seria exercício do direito de livre expressão ou liberdade de pensamento. No entanto, essa garantia constitucional não é a mesma coisa que dar direito à ofensa, o que por óbvio não está prescrito em nossas leis. Observe que caluniar é mentir que outra pessoa cometeu um crime. Entre os crimes contra a honra, é o mais grave em razão do tamanho da pena de detenção. Difamar é ofender alguém publicamente, não importa se é ou não verdade – basta espalhar o que desonra a vítima. Já injúria é xingar alguém, ir contra a dignidade dela, por exemplo, numa troca de mensagens via WhatsApp.

Um caso emblemático aconteceu em 2013, quando uma mulher publicou fotos e comentários no Facebook de uma cadela em péssimas condições, após uma castração no canil municipal, e imputou ao médico veterinário toda a culpa do estado do animal. Ele entrou com uma ação de danos morais contra ela e outra que, além de ter "curtido", comentou e compartilhou o conteúdo e as fotos. Foram condenadas a R$ 100 mil reais. Segundo a sentença, fica a lição de que

> (...) como outras pessoas também, utilizam as "redes sociais" do conforto de seus lares ou trabalho como verdadeiro tribunal de exceção. Acusam, denunciam, condenam e aplicam a pena, sem pensarem na repercussão de seus atos para os acusados, que, em sua maioria, não terão chance a uma "apelação ou revisão no tribunal de exceção". Uma acusação feita nas redes sociais como se vê pela prova constante dos autos vira verdade absoluta e condena a pessoa ou entidade para sempre.

Elas recorreram da decisão, e o Tribunal de Justiça manteve a condenação, mas reduziu os valores para R$ 20 mil reais. Como a Justiça no Brasil traz um longo caminho até uma definição, provavelmente haverá novos desdobramentos nesse processo, mas o que de fato ninguém pode mais afirmar é que a internet é terra de ninguém. Sabe-se que muitos projetos de lei estão sendo analisados para coibir uma liberdade sem limites, como o PL 7544/14, que propõe agravar a pena de quem incitar a prática de crimes pela internet. Já temos o Marco Civil da internet (Lei 12.965/2014), uma lei que estabelece princípios, garantias, direitos e deveres para o uso da internet no Brasil e a Lei Geral de Proteção de Dados Pessoais, conhecida como LGPD (Lei 13.709/2018). Ambas preveem também responsabilidades e, assim, busca-se uma ambiente que seja terra de todos.

AS VÍTIMAS DE CANCELAMENTO

Apesar de os casos mais emblemáticos de cancelamento envolvam famosos, como estampou a capa da revista *Veja*, na sua edição impressa de final de julho de 2020, não são apenas figuras públicas que sofrem com o julgamento coletivo e instantâneo. No início de junho de 2020, um americano de 47 anos voltava para sua casa na caminhonete da empresa com a janela aberta e o braço para fora, pois estava calor. Ao movimentar a mão para alongar os dedos, fez um sinal que foi logo interpretado por alguém que passava ao lado como um gesto típico de supremacistas brancos. Fotografado, foi parar no Twitter.

Duas horas depois, acusado de racista e em razão da repercussão do fato, que viralizou, foi suspenso do trabalho e, em cinco dias, demitido, perdendo o plano de saúde para a sua família. Nas semanas que seguiram, o pai de três filhas não conseguiu trabalho com seus antigos empregadores, pois nenhum deles gostaria que suas empresas estivessem vinculadas a um suspeito de apoiar o racismo. Da mesma pecha foi acusada uma professora após ter sido exposta uma foto sua supostamente cochilando durante uma reunião virtual sobre ações contra o racismo. Inclusive foi feita uma petição on-line para que fosse demitida da escola a qual era empregada.

O poder de cancelar age em sinais invertidos, pois quem é anônimo numa multidão ganha visibilidade estratosférica para depois ser derrubado. Agora, quem já está na vitrine pública, vai ser apedrejado para depois ser banido para o porão. Há também quem seja cancelado de ambientes menores, como no trabalho, clubes, faculdade, turma do colégio, num condomínio, de círculos de amizade e da própria família. É possível que muitos sejam excluídos de grupos de WhatsApp ou que exista grupos sem a pessoa indesejada. É o que pode ser denominado de "cancelamento contextual".

No entanto, não são apenas pessoas que se tornaram alvos da vigilância social, mas estátuas e monumentos vêm sendo derrubados, vandalizados ou mesmo removidos na tentativa de revisitar a história e dar outro fim a ela. Nos Estados Unidos, entre outras, estátuas de Cristóvão Colombo, George Washington e Thomas Jefferson foram vítimas desse movimento de patrulhamento ideológico. Na Europa, Winston Churchill teve o mesmo destino. Não importa a categoria ou importância da figura histórica: sejam descobridores, poetas, presidentes, reis, rainhas, cientistas, políticos ou colonizadores, todos são potenciais vítimas de cancelamento.

A arte também vendo sendo boicotada, mesmo que represente um contexto do seu tempo. Um exemplo é o clássico ...*E o vento levou*, de 1939, que foi vencedor de oito estatuetas do Oscar, inclusive de melhor filme, e uma das maiores bilheterias desde então. Rejeitado pelos seus assinantes por romantizar a escravidão, o filme foi retirado de uma plataforma de streaming como forma de acalmar os protestos. As antigas obras de Monteiro Lobato são outro exemplo, pois seguem sendo discutidas e contestadas nos últimos anos por causa da sua aparente abordagem racista. Há quem sugira o banimento delas na literatura brasileira ou uma adaptação completa ao contexto atual.

A mesma cartilha é seguida no esporte. O time de futebol americano Washington Redskins foi alvo de manifestações em apoio aos direitos indígenas, pois seu nome é, literalmente, "peles-vermelhas", expressão que sempre identificou os índios daquele país. Sob pressão de seus patrocinadores, encurralados pela pressão popular, o time decidiu mudar o seu nome. Há outras equipes, das mais diversas modalidades esportivas, que estão sendo pressionados a alterar o nome ou mudar mascotes em respeito a quem se sinta ofendido.

Empresas também não ficaram incólumes a ameaças ou até efetivos boicotes, seja em razão do cancelamento das pessoas que patrocinavam, seja por polêmicas que possam ter sido envolvidas. A revelação de possível exploração de trabalho escravo ou descaso com o meio ambiente são as duas causas mais comuns para agitar as mídias sociais contra empresas acusadas. O próprio governo federal brasileiro mantém, em site oficial, uma lista de empregadores que tenham submetido trabalhadores a condições análogas à escravidão. Mesmo empresas com programas de inclusão de minorias estão sendo julgadas nas redes sociais.

AFINAL, O QUE É CANCELAMENTO?

Imagine a seguinte cena. Um grupo de mulheres e homens pré-históricos vivem juntos numa caverna. Caçam em bando e se protegem uns aos outros contra criaturas estranhas e perigosas. Porém, certo dia, um deles começa a desenhar com seus dedos algumas formas nas paredes. Uma parte do grupo não gosta e condena esse integrante a se retirar da caverna, expulsando-o para que ele fique longe do convívio anterior. Sozinho, provavelmente a sobrevivência será muito mais difícil para enfrentar. Então, será que "a cultura do cancelamento" foi uma criação nos últimos anos deste século?

De fato, não é. Só na Era Digital, conceitos como linchamento virtual, *online shaming* e *cyber mob* já previam sobre movimentos de internautas com o objetivo de ridicularizar, humilhar e envergonhar àqueles que julgavam merecer, além de engajar outros a fazerem o mesmo. A própria Bíblia, ao menos em algumas versões, traz as palavras *ignomínia* e *opróbrio* no Novo Testamento ("Livro dos Hebreus", Hb 11:26 e Hb 12:2) como resultado de julgamento público com objetivo de desonra, vergonha e humilhação.

Uma cantora brasileira, com mais de quarenta anos de carreira e lembrada por ter liderado uma das grandes bandas de rock da década de 1980, afirmou numa entrevista sobre como enfrentava a crítica, a fama de antipática e de difícil:

> Apanhei muito. Hoje em dia fala-se muito de cancelamento, mas eu sou cancelada pela crítica há décadas. Estou acostumada. Era um massacre, um bullying. Atualmente teria mil nomes para isso. É claro que eu também estava aprendendo. Fazia um monte de coisa que deu certo e um monte de

coisa que não deu. Mas eu tinha, sim, a ambição de ser uma compositora, uma cantora, uma artista.

Como ela mesma afirma, o termo "cancelamento" com o sentido dos tempos de hoje é recente e ainda relativamente desconhecido. Quando comentamos com pessoas próximas que escreveríamos um livro sobre o tema, algumas ficaram pensativas e outras acharam que a ideia era ótima, pois se era fácil contratar um serviço, não era a mesma coisa quando precisavam cancelar. Além disso, era importante lidar com o psicológico para não perder a calma ou se abalar com atendentes de SAC… Em enquetes que fizemos no Instagram sobre a cultura do cancelamento, 40% de pessoas desconheciam o significado.

Se formos para o Google e digitarmos "cancelar", a primeira página devolve com resultados de como cancelar, suspender, pausar ou modificar assinaturas e inscrições de serviços em geral, com links para suporte e centrais de ajuda. Provavelmente, quem ouviu uma ameaça como "vamos te cancelar!" deve ter ficado confuso caso tenha procurado o significado no Google, pois, segundo as definições do *Oxford Languages*, dicionário vinculado a esse serviço, não há uma resposta para a forma figurativa a essa nova cultura. Por enquanto.

O que lhe vem na cabeça ao ler "preservativo"? Pois então, na verdade, a palavra sempre significou algo que preserva. E "carregador"? Ora, é uma pessoa que carrega algo. Então, é bem provável que "cancelamento" e "cancelar" possam ganhar novos significados como as palavras anteriores ganharam com o tempo. Cancelar, eliminar, riscar, anular e banir podem dizer a mesma coisa no âmbito social. *"Levar um BAN"* já dizia sobre ser banido de algo, de uma rede ou jogo. Em inglês, *"to ban"* é banir, por isso esse empréstimo linguístico. O verbete "cancel culture", segundo o Dicionário Cambridge, diz que é uma forma coletiva de "rejeitar completamente e deixar de apoiar alguém porque ele disse ou fez algo que ofende".

Cancelar não diz apenas sobre o verbo em si, mas sobre sentimentos que movem um desejo de "fazer Justiça" e de manter a consciência em paz. Quem erra tem que pagar pelos erros, não é? Nada mais justo que a pessoa sofra para aprender a não cometer novamente, mesmo que a dose do *remédio moral* seja desproporcional à dor que afligiu os outros. Num mundo em que se busca incansavelmente "a perfeição", "o melhor" e "o mais que suficiente", a cultura do cancelamento é a palmatória tão esperada para disciplinar os imperfeitos. Porém, não podemos concordar com isso, *nós* e você.

Em razão disso, é necessário entender como se passa o processo mental de um cancelamento para interromper qualquer uma das suas fases. Didaticamente, com conhecimentos na Psicologia e no Direito, é possível observar três fases cognitivas ou o que podemos denominar por *tríade cognitiva do cancelamento*. Conscientes ou não, as fases que são percorridas até cancelar alguém seguem esta ordem:

[1ª fase] [fase informativa] uma visão externa, olha-se para o ocorrido, numa breve leitura dos fatos, os sentimentos são provocados a reagir diante deles, havendo ou não engajamento pelo caso, pelas pessoas envolvidas ou pela causa;

[2ª fase] [fase do julgamento] uma visão interna, mais racional, olha-se para si mesmo, para os próprios sensores de justiça e moralidade, aguardando um julgamento rápido e necessário;

[3ª fase] [fase executória] uma visão externa, olha-se para quem precisa ser cancelado, que já foi condenado pela fase anterior, e escolhe-se as formas da punição, a sua extensão e intensidade, baseado nas emoções provocadas.

Para ilustrar as três fases, imagine uma cantora famosa, casada com outro artista. Ela então vai para as redes sociais desabafar uma traição. É bem provável que gere uma empatia imediata. Depois, quase de forma automática e simultânea, julga-se o fato da traição como um absurdo, e os sensores morais podem trazer diversas justificativas para condenar o traidor, como o casal ter filhos menores, ou já ter passado pelas mesmas dores de uma traição. Logo em seguida, a raiva é direcionada para quem desequilibrou a sua harmonia mental e precisa ser responsabilizado de algum modo. Então, o cancelamento é exteriorizado.

Por outro lado, se logo na primeira fase não há pistas de empatia pela cantora famosa ou pelo fato em si, será pouco provável seguir para as próximas. É possível ainda chegar à segunda fase e, diante de um julgamento – "é normal casais famosos se traírem, é o que eles mais fazem" –, absolve-se o traidor com um *c'est la vie*, pois "é a vida" que escolheram. Mesmo que considere a traição por si só algo abominável, sem razão para desculpas, o julgamento pode encerrar nessa fase com a condenação do culpado, mas sem precisar seguir para uma execração pública e banimento. *Cancelar* para quê?

02 VIGILANTES SOCIAIS

"*Um floco de neve jamais precisa se sentir responsável pela avalanche*"

(FRASE CITADA POR JON RONSON)

LINCHADORES

No início de maio de 2014, uma página do Facebook informou que uma mulher rondava uma determinada região da cidade do Guarujá, litoral de São Paulo, com o objetivo de raptar crianças para magia negra. Na postagem havia um suposto retrato falado e pedia-se atenção ao fato. Pouco tempo depois, uma moça, então com 33 anos de idade, mãe de duas meninas, teria oferecido uma fruta a uma criança na rua, foi "identificada" e incriminada como sendo a possível raptadora. Por várias horas, ela foi brutalmente agredida por dezenas de pessoas e observada por outras tantas. O ato foi filmado em plena luz do dia. Ela carregava uma Bíblia numa das mãos.

Levada ao hospital pela polícia, veio a falecer dois dias depois por "traumatismo cranioencefálico e fratura de crânio". Apurou-se que não só as notícias divulgadas pela referida página não passavam de boatos, mas o próprio retrato falado não tinha qualquer semelhança com a vítima do linchamento. Ao final, apenas cinco pessoas foram condenadas pelo assassinato coletivo, porque é um tipo de crime de imensa dificuldade para individualizar a participação de cada um, em razão do grande número de participantes envolvidos.

Linchar é executar de forma sumária, sem direito à defesa. Uma forma de satisfazer um sentimento de justiça social, com traços de vingança. É como cada um de nós carregasse toda uma estrutura de Justiça, com um tribunal próprio e regras próprias. Os julgamentos são expressos e não há advogados que possam defender o alvo de linchamento. No seu livro *Linchamentos: a justiça popular no Brasil*, um dos raros trabalhos completos sobre o tema, José de Souza Martins destaca que

> a hipótese mais provável é a de que a população lincha para punir, mas sobretudo para indicar seu desacordo com alternativas de mudança social que violam concepções, valores e normas de conduta tradicionais, relativas a uma certa concepção do humano. [...] O linchamento não é uma manifestação de desordem, mas de questionamento da desordem.

É claro que muitos não querem sujar suas mãos de sangue, mas apoiam de forma efusiva ou permanecem em silêncio retumbante diante das agressões ou ameaças. Outros filmam a violência como prova da vitória sobre as injustiças mal resolvidas. Se antes era possível afirmar que grande parte dos acontecimentos acontecia nas ruas da periferia, o que dizer do linchamento virtual nas principais redes sociais? O fato é que o ambiente das redes dificulta mais a identificação de quem participa das execuções públicas, porque está cheio de perfis falsos ou de usuários que logo apagam a conta. Além disso, as redes sociais geram maior alcance, pois não há fronteiras para uma notícia se espalhar.

Ademais, pelo fato de ser virtual, o linchamento não se restringe apenas às consequências dentro da internet, mas também no mundo real da vítima. Em outubro de 2012, duas amigas americanas, numa viagem à capital dos EUA, tiraram uma fotografia ao lado de uma placa de aviso num famoso cemitério militar que dizia "silêncio e respeito". O que era para ser supostamente uma "foto idiota", como elas mesmo gostavam de rotular, visto que uma das mulheres simulou, ao lado da placa, que estava gritando e com o dedo do meio levantado, acabou mudando a vida de quem apareceu na imagem. Como de costume, elas compartilharam para os amigos a foto em seus perfis no Facebook, no entanto, outras pessoas viram, e a reação negativa acabou tomando outras proporções.

A mulher passou a viver assediada, ameaçada de morte e de estupro por estranhos, foi matéria dos noticiários e logo demitida do emprego de cuidadora, no qual ela foi recebida pelo chefe no estacionamento para não entrar no local de trabalho, evitando maiores constrangimentos aos colegas e para empresa. Uma página no Facebook chegou a ser criada para que ela fosse demitida e reuniu mais de 12 mil *curtidas*. Ela entrou em depressão, ficou quase um ano recolhida em casa, presa naquele instante fotografado pela amiga.

Outro fato de grande comoção aconteceu no final de agosto de 2014 durante uma partida válida pela Copa do Brasil. Da arquibancada atrás da trave adversária, gritos de "macaco" foram dirigidos ao goleiro que ouviu e parou o jogo. O time acabou sendo eliminado do campeonato numa decisão inédita em razão racismo e ainda teve que pagar uma multa. Meses antes, o mesmo time fora multado também por atos racistas contra um jogador do time rival. Dessa vez, porém, a imagem de uma torcedora gritando ofensas ao goleiro foi captada pelas câmeras da TV e compartilhada à exaustão nos noticiários.

Identificada, passou a ser hostilizada e ameaçada nas redes sociais não só pelos torcedores do mesmo time, como de todos os outros. Não foi só linchada virtualmente. Ela perdeu o emprego, teve a casa incendiada, mudou de aparência e se exilou para o anonimato para não ser perseguida. Nunca mais foi num estádio e fez tratamento psiquiátrico. Ela acabou sendo indiciada por injúria racial, cuja pena foi negociada por se apresentar durante seis meses numa delegacia. No final, o goleiro não aceitou o pedido de desculpas da torcedora.

ENTRE O BEM E O MAL, SER OU NÃO SER?

A primeira edição do *Big Brother Brasil,* conhecido como BBB, ocorreu em 2002, tornando-se o *reality show* mais visto da televisão brasileira. Segundo a própria produção, é a "casa mais vigiada do Brasil" e, provavelmente, deve ser, pois o que acontece nela é assunto nacional. Como se sabe, o BBB é um jogo e há consequências sobre o papel que cada participante escolhe interpretar nele. O refrão da própria música de abertura, cantada pelo Paulo Ricardo, vocalista do RPM quando era febre nos anos 1980, deixa claro:

> Se pudesse escolher
> Entre o bem e o mal, ser ou não ser?
> Se querer é poder
> Tem que ir até o final
> Se quiser vencer

Como uma novela ou uma série, o programa deve ser visto como sendo interpretado por personagens, mas que assumem os próprios nomes ou apelidos. Essa parece ser a única diferença. No entanto, para muitos espectadores, a linha é tênue entre o que é real ou apenas simulação. É quase uma representação *live-action* da plataforma *Second Life*, lembra? As pessoas são *avatares* e assumem papéis durante o jogo. Tem os mocinhos, os vilões, os engajados, os passivos, entre outros rótulos que identificamos entre os participantes. A própria escolha da produção para integrar o time é baseada em perfis, para que o *show* seja atrativo.

Com a popularização das redes sociais, as torcidas pelos integrantes se deslocaram para essas arenas. Muitas delas representam o pior do que algumas torcidas organizadas de futebol carregam: a violência contra as rivais. O ódio disseminado não permite avaliar uma suposta notícia, mesmo que ela seja tão descabida quanto a raiva personalizada a determinado participante. Assim, quem ingressa no BBB ou em outro *reality show* precisa estar consciente que pode ser vítima de um linchamento virtual, com o consequente cancelamento por aquilo que dizem na internet. Pior é que não estará fora do programa para se autodefender.

A 20ª edição do BBB foi a primeira a sofrer com a sombra do cancelamento, inclusive o seu apresentador acabou sendo vítima de uma clara tentativa de eliminação. Os insatisfeitos com o seu trabalho à frente do programa, além das ofensas nas redes, criaram uma *hashtag* para que fosse demitido, que chegou a alcançar os primeiros postos dos temas mais mencionados no Twitter. Ele enfrentou o ódio e a questão do linchamento virtual no seu perfil do Instagram com o melhor antídoto: a clareza da reflexão.

> Vamos combinar uma coisa: espancar, chutar uma pessoa caída é um ato errado e covarde no mundo real e no virtual. Quando pessoas erram, eu acredito no diálogo, arrependimento, perdão. Em casos mais graves, na Justiça. Isso não é ser condescendente, isso é tomar o caminho mais difícil (e hoje em dia super solitário): o certo. Não acredito que destruir a vida de uma pessoa com linchamento virtual resolva o problema original. Pelo contrário! Ao tentar resolver o problema espancando, você acaba criando outro, gerando ainda mais ódio e violência, ferindo, e provavelmente tirando o foco da solução. Linchamento virtual é tão errado quanto qualquer outra coisa, não faz de você uma pessoa melhor e não conserta o mundo. Quem lincha é herói? Ou vilão? Não adianta nada ficar de biquinho quando te atacam na internet e depois atacar os outros com seus milhões de seguidores quando vc discorda de alguma coisa. Não adianta nada salvar cachorros e gatos se para isso você destrói reputações e vidas humanas. Não adianta nada ficar falando de "empatia" a cada 3 posts se você não a pratica quando ela é mais necessária, porque ter empatia com quem a gente gosta é mole! Difícil é ter com quem tá errado. Eu jamais vou linchar uma pessoa e não sou Juiz do Mundo, não esperem isso de mim.

Logo na primeira semana da edição seguinte do BBB, ainda em janeiro de 2021, a cultura do cancelamento foi manchete e pauta nos principais meios de comunicação. O portal *G1* resumiu o clima do programa e das demais matérias na mídia: "Por que o BBB 21 se tornou edição do 'medo de cancelamento'? Vontade de bombar carreira, olho nos seguidores e medo de perder contratos pesam tanto quanto o prêmio na hora de guiar comportamentos. Mesmo com medo, há cancelados". A expressão foi adotada pelos próprios participantes, inclusive tema de uma dinâmica chamada "jogo da discórdia" (eles deveriam apontar quem eram os canceladores). Na imprensa, há até quem tenha feito uma "tabela de cancelamento" dos participantes.

Apesar dos cuidados e das estratégias dos 'brothers' no jogo quanto as suas relações com os demais para evitar o 'paredão', nunca houve tanta preocupação com o que os espectadores estão julgando. Mesmo assim, seria destaque a saída de um deles com 98,76% de votos de rejeição, recorde até então. Porém, na votação seguinte, foi quebrado com 99,17% do total, observado que ainda havia outras duas opções a serem escolhidas a sair do programa. Durante a semana que antecedeu o resultado, houve uma espécie de catarse nacional em fazer justiça para retirar a participante, uma rapper, que já vinha sendo cancelada pelas suas atitudes polêmicas no jogo, acumulando grandes prejuízos na sua carreira profissional. Diversos artistas entraram em campanha para terminar com o linchamento da cantora.

Entre estas duas edições do BBB, ao sair da edição de 2020 do *reality A Fazenda*, uma "ex-peoa" foi questionada sobre a sua suposta falta de posicionamento durante o programa. Ela confirmou que conviveu com o medo, pois "é muito difícil se posicionar em um reality, porque você sempre será julgado". Antes mesmo de ingressar, teria comentado com sua família desse receio de ser julgada pelos telespectadores e considerou como um erro de estratégia. No entanto, como afirmou na sua saída, ela "tinha medo de ser cancelada".

SORRIA, VOCÊ ESTÁ SENDO VIGIADO

Num dia qualquer durante o inverno gaúcho, quando as notícias geravam mais dúvidas do que certezas sobre a pandemia, uma amiga publicou no Facebook uma foto sorridente dentro do seu carro, desejando um "bom dia" a todos. "E a máscara?", questionou um internauta nos comentários. Detalhe: a foto mostra que ela estava sozinha no próprio veículo. Poderíamos escrever um livro inteiro sobre a pandemia e a relação com o comportamento vigilante das pessoas umas com as outras. Se a casa mais vigiada do país é do BBB, as redes sociais são os ambientes mais vigiados do planeta!

Como se sabe (quem não sabia, deveria se preocupar), as entrevistas de emprego, possíveis testes e os currículos não são mais os únicos elementos avaliados num processo de seleção. As redes sociais também estão decidindo quem é contratado ou servindo de filtro ao excluir os pretendentes cuja vida virtual parece um livro de terror aberto! Porém, o monitoramento on-line segue observando seus funcionários. Veja que a despedida por *justa causa*, a pior penalidade que pode sofrer um empregado, tem sido comum após atitudes reprováveis na internet. As causas mais comuns são os empregado falando mal nas redes sociais do local de trabalho, dos produtos que vende, dos clientes, dos colegas e do chefe.

Até uma simples curtida num comentário ofensivo contra o empregador pode acabar em demissão! Foi o que aconteceu no Brasil, com sentença confirmada pelo Tribunal Regional do Trabalho (TRT) responsável pelo caso. Um funcionário de uma concessionária de motos teria curtido no Facebook publicações de um ex-colega que estava desabafando contra a antiga empresa e uma das suas sócias. Ao curtir, entendeu-se que estaria endossando ou concordando com as avaliações negativas. Ademais, é difícil provar na Justiça, como argumento de defesa, que as manifestações sociais nas redes são apenas por "brincadeira" ou "diversão" quando há possíveis consequências fora delas.

No início de junho de 2019, foi amplamente noticiado pela imprensa que os candidatos ao visto americano passariam a indicar no formulário apropriado as redes sociais nas quais mantivessem perfis nos últimos cinco anos da data da solicitação. O que fariam com esses dados numa suposta investigação? Provavelmente, para identificar algum tipo de ameaça ou possibilidade de imigração ilegal. A partir de então, as agências que trabalham com o encaminhamento de vistos começaram a sugerir que o candidato tenha atenção às suas contas sociais.

REDES OU PRISÕES SOCIAIS?

Qual o desejo de alguém criar um perfil numa rede social? Ofereça esse momento à reflexão antes de continuar a leitura. Qual seria a sua resposta? Partindo do pressuposto que você tenha uma conta numa rede, o que o levou a criá-la? A princípio, qualquer que seja a sua resposta, devamos lembrar que fomos geneticamente programados para nos conectar uns aos outros. Ou seja, está no nosso DNA. Portanto, sua decisão é muito mais inconsciente do que todas as razões racionais que possa ter elencado mentalmente.

Há milhares de anos, quando alguém tentou caçar um mamute sozinho para se alimentar, certamente descobriu da pior maneira possível que era impossível realizar tal façanha. Agora, quando outros perceberam que em grupo a caça seria mais viável para alimentar todas as famílias, a coletividade se tornou a saída para a sobrevivência. O surgimento da própria família, e depois os povoados, vilas, comunidades, passando pelas cidades, estados e países é uma prova viva de que há uma *inteligência social* envolvida em nossas relações com os outros, conforme validaram os estudos de Daniel Goleman, psicólogo estadunidense, mais lembrado como "pai" da *inteligência emocional*.

Ocorre que todas essas formas de aglomerações trouxeram um "custo" para uma liberdade absoluta, sem regras ou limites. Basta lembrar quando você morava (ou ainda mora) na casa com seus pais. Horários para acordar, para fazer as refeições, para dormir ou chegar em casa antes da madrugada. Casais que moram juntos também têm suas regras, como arrumar a cama, não deixar a louça suja na pia ou jogar no chão a toalha molhada. Agora, quem teve a chance de morar sozinho ou sozinha sabe do *gostinho* da liberdade, da falta da vigilância e fiscalização de outros no próprio lar: "minha casa, minhas regras". Porém, é botar os pés fora da sua zona de conforto que as cortinas se abrem para um mundo totalmente regrado e vigiado.

Em 1949, foi publicado o livro *1984*, ano que se passa a história futurística do personagem fictício o "Grande Irmão", daí vem a expressão Big Brother e o conceito do programa televisivo homônimo, pois ele estava sempre de olho em tudo. George Orwell, seu escritor, imaginou um futuro sob total vigilância, opressivo, de manipulação e, consequentemente, repressão. Um "Ministério da Verdade" foi criado para cuidar das notícias, entretenimento, artes e educação. Liberdade e privacidade não existiam, e a própria sociedade, oprimida, tinha o poder de humilhar aqueles que fossem indicados como inimigos do sistema através da exposição diante de uma tela por "Dois Minutos de Ódio".

> "O mais horrível dos Dois Minutos de Ódio não era o fato de a pessoa ser obrigada a desempenhar um papel, mas de ser impossível manter-se à margem. Depois de trinta segundos, já não era preciso fingir. Um êxtase horrendo de medo e sentimento de vingança, um desejo de matar, de torturar, de afundar rostos com uma marreta, parecia circular pela plateia inteira como uma corrente elétrica, transformando as pessoas, mesmo contra sua vontade, em malucos a berrar, rostos reformados pela fúria. Mesmo assim, a raiva que as pessoas sentiam era uma emoção abstrata, sem direção, que podia ser transferida de um objeto para outro como a chama de um maçarico."

A reflexão que fica é: será que não estamos vivendo nessa profecia orwelliana? Vivendo aprisionados em redes virtuais, sendo observados por todos, pelos funcionários do "Ministério da Verdade", prontos para julgar nossos textos e fotos, sob o pretexto de manter uma ordem ou moralidade que defendem? Será que também não temos esse crachá para censurar os outros? Ou não nos importamos totalmente com o que os outros pensam sobre nós ou sobre as coisas que nos importamos? Quem nunca se arrependeu de uma publicação que fez ou compartilhou, que atire a primeira pedra!

O filósofo francês Michel Foucault debruçou-se em temas cruciais da sociedade, dentre eles, o poder. Em seu livro *Vigiar e Punir*, apresenta duas imagens de disciplina, como conduta de obediência a regras: uma que alimenta um esquema de exceção e exclusão, virada para funções negativas (como eliminar o mal), e a outra, mais rápida e eficaz, baseada na vigilância generalizada, assegurando o funcionamento do poder de forma permanente. Esta última é denominada de mecanismo "panóptico", na qual um vigilante consegue observar a todos e a tudo, pois tem a visibilidade ampla que precisa.

As prisões, escolas, hospitais, entre outras instituições, são citados por terem esse caráter disciplinar, e mesmo que não se aviste os vigilantes, tem-se a consciência que de algum modo há alguém observando. Uma sociedade disciplinada, regulada pelo poder, é uma sociedade em constante vigilância. Então, a internet e as redes sociais não seriam esse esquema panóptico? Não temos a impressão de que somos vigiados vinte e quatro horas por dia, mesmo sem enxergar os vigilantes?

Nossos *cliques* revelam quem somos e o que fazemos por meio de algoritmos ou por outra engenharia virtual.

Experimente buscar no Google um determinado produto ou serviço e logo abra o seu perfil numa rede social. Provavelmente, o que foi pesquisado estará sendo anunciado nele. Quem nunca pressentiu que um bate-papo com amigos sobre determinado assunto acabou trazendo anúncios patrocinados para suas redes, justo o conteúdo que foi conversado minutos antes? Sabemos que nossos *smartphones* são facilmente rastreados, indicando nossa localização passada e presente, mas estariam espionando o que falamos e fazemos também? Não é assim que se sentem os prisioneiros, tolhidos de liberdade?

FIGURA PÚBLICA

As redes sociais, sem dúvida alguma, banalizaram o conceito de quem é "figura pública". Se antes tal adjetivação era destinada, exclusivamente, aos artistas, cantores, atores, esportistas, ou todo aquele que tivesse seus quinze minutos de fama, porque tinha um batalhão de repórteres e *paparazzi* à espreita do que faziam, nos dias de hoje, qualquer um pode ser *figura pública* por seus próprios meios, basta estar on-line. Não que, necessariamente, as outras pessoas queiram saber o que estamos bebendo, comendo, vestindo ou fazendo, mas nós queremos que elas saibam, não é?

Mesmo que não quiséssemos ser tão expostos, basta um descuido para que milhares de *smartphones* estejam prontos para registrar. A título de alerta, desde abril de 2018, há mais celulares ativos que habitantes no Brasil, portanto, não há para onde correr, nem mesmo se tornar recluso em casa, pois o alcance do *zoom* das câmeras é cada vez maior e com melhor definição. É como o velho ditado, *se correr o bicho pega, se ficar o bicho come*. É difícil escrever isso, mas não há mais *figuras privadas* nesta década e o anonimato está em extinção.

Novamente, o filósofo Zygmunt Bauman tem as palavras certas:

> Quanto à "morte do anonimato" por cortesia da internet, a história é ligeiramente diferente: submetemos à matança nossos direitos de privacidade por vontade própria. [...] Tudo o que é privado agora é feito potencialmente em público – e está potencialmente disponível para consumo

público; e continua sempre disponível, até o fim dos tempos, já que a internet "não pode ser forçada a esquecer" nada registrado em algum de seus inumeráveis servidores. Essa erosão do anonimato é produto dos difundidos serviços da mídia social, de câmeras em celulares baratos, sites grátis de armazenamento de fotos e vídeos e, talvez o mais importante, de uma mudança na visão das pessoas sobre o que deve ser público e o que deve ser privado.

A ideia de vivermos numa sociedade *panóptica*, segundo Bauman, inverteu a lógica do medo da exposição, pois o pesadelo do "nunca estou sozinho" foi abafado pela "alegria de ser notado". O que era ameaça, virou tentação de ganhar visibilidade como forma de reconhecimento social. Hoje a ameaça é ser "confinado" à privacidade, a perder a audiência de desconhecidos que curtem nossas fotos de xícaras com café, das refeições que fazemos, ou das unhas com as novas cores do momento! Basta lembrar das *recompensas sociais* que valorizamos quando abrimos uma conta numa rede: visibilidade, reputação, popularidade e autoridade.

Além disso, quem não gostaria de ter seus *recebidos*, produtos ou serviços que se ganha para divulgá-los, principalmente no Instagram, uma rede que nasceu como um filtro para fotos? Mas, para tanto, é necessário aceitar o papel de figura pública, ter uma conta aberta e atrair, de alguma forma, um público potencialmente consumidor. Aprender alguns passos sobre *marketing* digital e entender como ocorre o engajamento são necessários para alcançar algum sucesso. No entanto, é preciso seguir as cartilhas e então a espontaneidade acaba virando refém delas. Qual empresa gostaria de estar vinculada a alguém que comete erros?

A mesma exposição que todos permitem – e de algum modo desejam – ao entrar numa rede social, é conflitante, pois tanto o exagero é prejudicial como os *firewalls* que são construídos a evitar os excessos. A maior reclamação sobre as redes é que as pessoas estão perdendo a liberdade de se expressar, pois há um forte risco de serem incompreendidas. Assim, para própria segurança, precisam se proteger ao evitar qualquer tipo de polêmica e, mesmo assim, acabam cometendo erros interpretativos. No contexto atual, a velha canção "Ovelha Negra", de Rita Lee, parece a passagem de quem sempre viveu de forma off-line e acabou refém da Era da Internet: "Levava uma vida sossegada, gostava de sombra e água fresca/ Meu Deus, quanto tempo eu passei, sem saber".

ATIVISMO SOCIAL

Num vídeo divulgado no *Twitter*, no final de outubro de 2019, o ex-presidente dos EUA, Barack Obama, ao perguntado sobre a cultura do cancelamento, trouxe a sua visão sobre o tema:

> Eu tenho uma sensação às vezes agora entre certos jovens, e isso é acelerado pelas mídias sociais, às vezes há essa sensação de: 'A maneira de eu fazer a mudança é ser o mais crítico possível sobre as outras pessoas e isso é o suficiente.' [...] Isso não é ativismo. Isso não está trazendo mudanças. Se tudo o que você está fazendo é lançar pedras, provavelmente não irá tão longe, [pois] isso é fácil de fazer.

A lição de Obama não deixa dúvidas de que, de fato, muitos acreditam que precisam estar todo tempo criticando para mostrar que estão envolvidos com os acontecimentos, mesmo que seja a favor de uma tribo de canibais que reclama contra empresas de produtos *fitness*, que estão deixando todos seus "pratos" *low carb*. A causa não interessa, importa é *fazer eco* na internet, comendo pipoca, confortavelmente sentados em seus sofás. A crítica é contra o excesso e o exagero nas condutas sob uma desculpa legítima, o ativismo.

Observa-se que uma parte muito grande de internautas justifica suas ações de revolta e cancelamento de marcas, empresas e pessoas em nome de uma Justiça que interpretam como a "verdade que precisa ser revelada e exposta". Substituíram as ruas, os cartazes, os gritos, as palmas e a convocação das pessoas a participarem da causa por *hashtags*, os memes e as petições on-line para protestar virtualmente. No entanto, percebe-se que muitas vezes o alvo não é uma causa, mas o causador. É sacrificar quem atropelou alguém sobre uma faixa de segurança, mas ignorar a defesa da educação no trânsito.

Pode ser que alguns imaginem que estão a bordo dos navios do Greenpeace em defesa da vida marinha, porém, muitos se enxergam carregando tochas acesas para queimar livros "perigosos" (será que este seria um?) e seus escritores. Importa concluir que, realmente, o ciberativismo ou ativismo digital trazem resultados concretos, o que atrai cada vez mais gente a se expressar pelas redes sociais. Mas como todo movimento popular, mesmo que tenha as melhores das intenções, há os radicais e extremistas, com o único desejo de destruir.

O "hashtivism", que seria o ativismo por meio de *hashtag*, tornou-se evidente com a campanha no Twitter *#MeToo* (literalmente, "eu também") em outubro de 2017, iniciada após a denúncia de uma atriz sobre os abusos sexuais na indústria do cinema nos Estados Unidos. Ela convidou todas as pessoas que já tivessem sido vítimas de assédio sexual para que usassem esta *hashtag*. Em quatro dias, ocorreram mais de 800 mil interações com a #MeToo. Cerca de um ano depois, mais de duzentas figuras públicas perderam seus empregos, o que incluiu atores, produtores e diretores famosos de Hollywood. Há quem afirme que a cultura do cancelamento tenha a origem neste movimento, pois as pessoas perceberam que tinham poder de atingir quem quer que fosse por meio das redes sociais.

Daniel Goleman explica que há um tipo de emoção social que estamos sujeitos quando somos engajados a punir os outros pelos erros que cometem, a "raiva altruísta", apesar de haver um risco e um custo para todos envolvidos. Nas palavras de Goleman:

> A raiva altruísta faz uma pessoa punir as violações da norma social cometidas por outra, como o abuso de confiança, mesmo que ela não seja a vítima. Essa raiva virtuosa parece ativar um centro de recompensa no cérebro, de modo que impor o cumprimento das normas, punindo os violadores (Como ele ousou furar a fila!), nos proporciona uma sensação de satisfação.

Quase em novembro de 2020, um caso chamou a atenção nas redes sociais. Um comunicado de uma das maiores editoras do país, divulgado na sua conta do Instagram, informava que suspenderia a publicação de um novo título, que já estava em pré-venda, de um escritor bastante popular pelos seus livros de autoajuda no universo feminino. A razão não era explícita, mas havia um "conflito em andamento" e que a decisão era de comum acordo com o seu autor. Então, mais de 1.800 comentários se seguiram contrários à editora, pois se esperava que houvesse um cancelamento definitivo do referido livro.

Acontece que meses antes, o referido escritor foi acusado de agressão e de relacionamento abusivo por sua ex-namorada, uma *digital influencer*. Logo, outras vozes juntaram-se para acusá-lo de outras situações constrangedoras. Ele se defendeu na sua conta do Instagram, pedindo desculpas, mas achava que havia resolvido a questão na época do seu namoro, pois eles continuaram juntos ainda por um tempo após o fato. Quando a editora passou a divulgar o lançamento do seu novo livro, a ex-namorada buscou nas redes sociais explicações sobre a publicação, apoiada pelo movimento #AgressorNãoÉEscritor.

A editora ainda viria lançar outro comunicado "em resposta aos diversos comentários", para reafirmar que a decisão era de "não publicar em definitivo" o novo livro e que era "importante ressaltar também o nosso compromisso com a integridade e o respeito ao próximo". Dessa vez, a atitude foi muito aplaudida. Já o escritor confirmou nas suas redes a decisão e acrescentou que "durante os últimos meses, venho sofrendo ataques na internet. São ataques de injúria, calúnia e difamação. Eu sou uma pessoa normal, imperfeito, sujeito a falhas e erros, como todo mundo". Ele acabou publicando o seu livro de forma independente. Enquanto isso, na Inglaterra, uma jornalista teve cancelado o próprio livro sobre a cultura do cancelamento depois de ser acusada de islamofobia por uma postagem no Twitter.

O QUE OS OLHOS NÃO VEEM, O CORAÇÃO NÃO SENTE

A tecnologia empregada hoje nas armas militares de destruição é quase como se fossem produtos dos filmes de ficção científica, de tão avançadas que são. Os drones aéreos substituíram os aviões de guerra, tirando o risco de perder a vida dos seus pilotos, além de tornar sua presença mais difícil de ser detectada pelos radares inimigos. Há drones terrestres e navais também, basta qualquer veículo ser controlado remotamente para ser considerado como tal. Porém, o seu uso frequente tem sido criticado, por ser uma ameaça de morte de inocentes.

Grégoire Chamayou, um filósofo francês, escreveu o livro a *Teoria do drone*, cujas reflexões alertam para o fim da assimetria de uma guerra para uma "simples campanha de abate", reduzindo o inimigo a um simples alvo de um "objeto violento não identificado". Quem aperta o botão de disparo está a milhares de quilômetros do local do confronto, portanto, longe das suas vítimas e emocionalmente mais distante do que um piloto sobrevoando o local de ataque. Segundo o *espectro da agressão* de Dave Grossman, um psicólogo e ex-militar, quando maior a distância física do alvo, mais fraca é a resistência a matar. Assim, é mais fácil matar a partir de um bombardeiro do que combater com as próprias mãos.

No caso dos drones, a visão é encenada como um videogame, pois o alvo está numa tela, e por vezes representado por meras manchas detectadas por infravermelho ou simples *avatares*. Nas palavras de Chamayou, "o ato de matar se reduz aqui concretamente a situar o cursor ou a flecha em cima de pequenas 'imagens acionáveis', figurinhas que tomaram o lugar do velho corpo em carne e osso do inimigo". Não há mais pilotos de combate ou de guerra, mas *operadores* de drones. Já se perguntou por que vestem os condenados com um capuz? Será que é para tornar menos doloroso o ato para quem assiste ou mata, ou para quem irá morrer?

Uma questão levantada por vegetarianos: e se tivéssemos que matar o animal para comer sua carne, o comeríamos? É mais fácil ser carnívoro comprando a carne embalada no mercado, não é? A luta diária para manter a *consciência limpa* nos leva a manter hábitos paradoxais, como pensar numa coisa e fazer outra. É possível que seja resultado da eterna disputa entre a emoção e a razão. David Eagleman, neurocientista estadunidense, oferece no seu livro *Incógnito: as vidas secretas do cérebro* uma prova disso através do *dilema do bonde*.

> Considere esta hipótese: um bonde desce os trilhos, descontrolado. Cinco trabalhadores estão fazendo consertos mais abaixo nos trilhos, e você, um espectador, rapidamente percebe que todos serão mortos pelo bonde. Mas você também percebe que há uma chave por perto que você pode girar, e isso desviará o bonde para um trilho diferente, onde só um único trabalhador será morto. O que você faz? (Suponha que não existam truques de solução nem informações ocultas.) Se você for como a maioria das pessoas, não hesitará em girar a chave: é muito melhor ter um morto do que cinco, não é? Boa decisão. Agora temos uma guinada interessante no dilema: imagine que o mesmo bonde desce descontrolado os trilhos e os mesmos cinco trabalhadores correm perigo — mas desta vez você é um espectador em uma passarela que atravessa os trilhos por cima. Você percebe que há um obeso parado na passarela, e percebe que, se você o empurrasse para fora da ponte, seu volume seria suficiente para deter o bonde e salvar os cinco trabalhadores. Você o empurraria?

Se no primeiro dilema idealizamos mais uma questão matemática, salvar cinco pessoas ao invés de uma com um giro de chave, no segundo, precisamos empurrar alguém para salvar as mesmas cinco pessoas. "Empurrar" é usar as próprias mãos com força numa outra pessoa – no caso do dilema, matá-la. É envolver-se fisicamente, ao contrário de girar uma chave, um ato mecânico, desprovido de maior envolvimento. No segundo dilema, a reação de heroísmo desaparece para dar espaço a um possível sentimento de culpa por matar uma pessoa. Assim, o resultado do teste é que muitos não empurrariam. Essencialmente, o primeiro dilema envolve uma questão racional; o segundo, emocional.

Os dilemas servem para explicar porque demitir, terminar um relacionamento, dizer "não" a um convite, tratar mal alguém, contar uma mentira, dar uma notícia triste e *cancelar* é mais fácil com um "girar a chave" do que precisar "empurrar". Não envolve enfrentamento às emoções dos outros de forma presencial. Antigamente, fazíamos isso com uma ligação, hoje é por meio de fotos, vídeos, textos e memes, e, quem sabe, num futuro próximo, apenas com *emojis*. As redes sociais e os aplicativos de mensagens instantâneas, como o WhatsApp, tornaram-se o ambiente propício para "girar a chave", pois são abstratos e impessoais. Em outras palavras, o que os olhos não veem, o coração...

JUSTICEIROS *AD AETERNUM*

O papel de justiceiro é daquele que, à margem da lei, procura punir quem ele entende que precisa pagar pelo o que fez de errado, sem chance de um processo justo, que ofereça ampla e legítima defesa. A situação piora quando decidem pegar carona no DeLorean DMC-12 do Doc. Brown, a máquina do tempo em *De Volta para o Futuro*, para buscar no passado algo que condene suas vítimas. Mesmo que seja algo que o tataravô, ilustre jurista e político, tenha feito ou dito numa época remota e a sua neta seja uma famosa atriz brasileira de novelas dos dias de hoje.

Apesar ter sido um crítico contumaz da política escravagista e se envolvido a favor do abolicionismo, seus opositores o criticaram por ele ter determinado a queima de documentos relacionados à escravidão, pois estaria apagando registros da memória brasileira quanto ao seu odioso passado. O ano era 1890. Em 2020, a sua tataraneta passou a ser hostilizada em razão da lembrança desse fato, o que se tornou um dos assuntos mais comentados no Twitter no Brasil. Numa entrevista, chegou a comentar sobre a cultura do cancelamento.

> A rede social dá voz para muita gente e oportunidade de lutar por causas importantíssimas e urgentes. Mas acho a cultura do cancelamento agressiva. Todo mundo já errou, erra e vai errar. Ninguém é perfeito. Procuro

não pensar muito sobre o assunto. Sei da minha importância como ser humano, mulher e cidadã e do que quero para o mundo. Tento não deixar isso me enlouquecer e faço a minha parte.

Em setembro de 2019, um jovem estadunidense de 24 anos viralizou depois de aparecer na TV levantando um cartaz pedindo doação de dinheiro para comprar cervejas de uma marca específica para um evento local de sua faculdade. O fato é que as doações foram tantas que, numa semana, ele arrecadou 270 mil dólares! Ele decidiu utilizar todo o dinheiro para o hospital infantil da cidade. A marca de cervejas e o site de doações assumiram o compromisso de dar o mesmo valor cada um para a instituição, chegando a quase 1 milhão de dólares.

No entanto, um jornalista foi investigar o Twitter do jovem e achou duas postagens quando ele tinha 16 anos e estava no colégio. Eram piadas racistas e divulgou o achado pelo jornal que ele trabalhava. O jovem reconheceu publicamente que errou com as piadas e divulgou que a empresa de cerveja tinha encerrado a parceria com ele, pois teria se tornado o garoto-propaganda para ações de marketing. A marca manteve a doação para o hospital. O próprio jornalista foi criticado por ter se importado com a busca no passado de alguém que estava ajudando os outros, e também acabou alvo dos internautas que acharam *tweets* antigos bem piores do que do jovem. Ele acabou sendo demitido.

Em junho de 2020, o baterista de uma banda de rock brasileira teve uma conversa sua com uma menina de 16 anos exposta num perfil do Twitter criado para denunciar possíveis casos de abusos. A repercussão foi grande o suficiente para banda afastá-lo temporariamente. Os *prints* da conversa datavam de janeiro de 2012. O baterista confirmou a troca de mensagens, mas afirmou nas redes sociais que nunca passou disso e que "jamais agiria com o intuito de machucar alguém, seja física ou psicologicamente". Cerca de dois meses depois, ele foi afastado, agora definitivamente, da banda que integrava há 21 anos. Houve protestos por parte dos fãs, que enxergaram um exagero na atitude.

Para refletir, segundo a nossa Constituição Federal, é expressamente proibida a pena perpétua, ou seja, ninguém pode ficar preso para sempre. A regra também é que os crimes sejam prescritíveis, com algumas exceções, o que quer dizer que dependendo da data que foram cometidos, eles podem deixar de receber julgamento em razão do tempo que se passou. No entanto, os justiceiros não se importam com esses direitos, muito menos com erros que não são crimes. O banimento e a humilhação que pregam precisam ser *ad aeternum*, ou seja, para sempre.

AFINAL, QUEM SÃO OS VIGILANTES SOCIAIS?

A internet tem seu berço dentro do Departamento de Defesa dos Estados Unidos e a justificativa para sua criação foi construir uma rede interativa de computadores. Em 2019, comemorou-se os cinquenta anos da sua criação, mas foi somente em 1995, com os primeiros navegadores comerciais Nagivator e Internet Explorer, que a maioria das pessoas teve acesso à internet. Apesar de não ter sido um projeto militar, como afirma Manuel Castells em seu livro *A Galáxia da Internet*, foi a Guerra Fria entre os EUA e a antiga União Soviética que bancou seu desenvolvimento.

Assim, se a Internet estivesse deitada no divã, buscando explicações sobre como se tornou um espaço de convivência belicosa, de guerra psicológica, sob vigilância constante, repleta de medo e desconfiança, sua criação e infância poderiam dar ótimas pistas dos comportamentos que assistimos e participamos nos dias atuais. O sentimento de liberdade que muitos alimentam quando estão conectados tem origem também na sua fundação, que trazia uma arquitetura técnica aberta como estímulo para cooperação coletiva, e dos primeiros anos de evolução autônoma, como cultura libertária.

A cultura da Internet trouxe ou potencializou comunidades perigosas de *stalkers*, *haters*, *trolls*, *cyberbullies* e *crackers*. Sinteticamente, podemos defini-los como:

- *Stalkers* são aqueles que perseguem de forma agressiva e obcecada, constrangendo e invadindo a vida privada das suas vítimas;
- *Haters* são aqueles que odeiam algo ou alguém. Odiosos, vivem criticando seus alvos;
- *Trolls* são aqueles que se comportam de forma destrutiva e enganosa, perturbando os usuários sem qualquer propósito;
- *Cyberbullies* são aqueles que praticam *bullying*, mas de forma virtual, com o objetivo de humilhar, intimidar e envergonhar suas vítimas;

* *Crackers* são aqueles que quebram (*cracking*) sistemas de segurança para cometer crimes, diferentemente dos *hackers*, que buscam, ao contrário, melhorar o desenvolvimento de softwares.

Quando a internet se tornou hipervigiada, a *deep web*, a parte não indexada e submersa do que seria um *iceberg*, foi o local que muitos correram para ter a sua liberdade sem deixar rastros. Há quem faça diferença com a *dark web*, que seria a parte mais profunda, cuja natureza é mais misteriosa ainda. Contextualizar a internet, conceituando diversos perfis que disputam lugar no ciberespaço, torna mais fácil afirmar que todos somos potenciais *vigilantes sociais* quando conectados, o que inclui robôs, *bugs*, códigos, inteligência artificial autônoma e algoritmos.

Você pode não desejar vigiar os outros, mas não há como negar a *autovigilância* contínua quando se está navegando na Internet. A temeridade de expor senhas e dados são um exemplo. Os textos, as fotos, os vídeos compartilhados, qualquer contato que seja dentro desse ambiente é carregado de filtros de segurança para evitar reflexos desastrosos em nossas vidas em modo off-line. A diferença está no que fazemos além da vigilância. Os *stalkers*, *haters*, *trolls*, *cyberbullies* e *crackers* preferem trilhar caminhos reprováveis. Em abril de 2021, foi promulgada a lei que criminalizou o *stalking* (Lei 14.132), incluindo no Código Penal o crime de perseguição.

Qualquer forma de comunicação nos desperta para uma convivência social, mas antes passa por um senso próprio de preservação no meio. Especulamos que quando "inventaram" a vizinhança, talvez a primeira forma social de organização entre as famílias, com *cada uma no seu quadrado*, impondo limites por meio de cercas de pedras ou mesmo invisíveis, imediatamente originou-se a curiosidade e o *voyeurismo* da vida alheia por uma questão de sobrevivência. Se a *grama do vizinho era mais verde*, um alerta de vigilância era disparado e uma possível ameaça passava a ser considerada numa relação de inferioridade e superioridade.

Ademais, como acrescenta o psicanalista Christian Dunker no seu livro *Reinvenção da intimidade*:

> Se a grama do vizinho é sempre mais verde, é sempre lá que vamos armar nosso próprio inferno particular. Longe de sermos solidários, nossa tendência é perceber em nosso semelhante um gozo a mais, excessivo, perturbador, que nada mais é do que gozo que ignoramos ou não admitirmos em nós mesmos, como no caso da homofobia, do sexismo ou do ressentimento de classe.

Portanto, não há como negar, somos todos vigilantes sociais, seja de forma consciente ou não. Com a internet, a vizinhança não é mais geográfica, mas subjetiva, aproximando pessoas que moram tão distantes uma das outras, como se o contato fosse ao pé do cercado que divide suas casas. É como já disse uma jovem cantora pop, que é alvo constante de julgamento e especulações sobre sua intimidade: "Imagina você ter um vizinho fofoqueiro. Eu tenho, tipo, milhões de vizinhos fofoqueiros [risos]". Já as redes sociais escancararam a diferença das cores dos gramados, independentemente dos filtros que aplicamos nelas.

03 CANCELADO, CANCELADOS E CANCELÁVEIS

"O que mais me impressiona nos fracos é que eles precisam humilhar os outros, para sentirem-se fortes."

(FRASE ATRIBUÍDA A MAHATMA GANDHI)

O CANCELADO É SEMPRE O MORDOMO

Não há filme ou livro de suspense clássico, cujo crime ocorra numa mansão, que não acabe com a suspeita do assassinato no mordomo, que digam as obras de Agatha Christie. Especulamos que a figura do mordomo alimente a ideia da própria exclusão social, portanto, a ele seria possível fazer coisas condenáveis que os outros, da nobreza, não fariam, por mais que tivessem motivos para tanto. Mas alguém precisa "pagar o pato", ou seja, responder pela culpa, mesmo que seja coletiva. Ou assumir o papel do "bode expiatório", cuja origem da expressão vem das tradições hebraicas de um bode ser sacrificado para livrar os pecados do seu povo.

Assim, nossos radares estão sempre em alerta para quem passa dos limites, porque alguém precisa ser "multado" pelas infrações que existem, mesmo que sejam apenas morais. O conceito de certo/errado vem sendo instruído desde a nossa infância com "não" para isso, "não" para aquilo. Para muitos, a Terceira Lei de Newton era "a toda *ação* corresponde a um *não* de mesma intensidade e direção". (Em tempo: para evitar confusões com seu professor(a) de física, não se esqueça que a lei de Newton é "reação" no lugar do "não".) O problema é que, paradoxalmente, aprendemos a lição do "faça o que eu digo, não faça o que eu faço". É gritar para o filho "não grita". Esse nó na moralidade inconsciente acaba revelando na superfície da consciência de que certo/errado se aplica para alguns, mas não se aplica para os outros. Em outras palavras, nosso radar funciona muito bem nos outros, mas falha um bocado conosco.

Nesse sentido, em *Dhammapada*, o famoso livro que reúne versos budistas compilados séculos antes de Cristo, Buda traz a lição:

> Fácil de ver é o defeito nos outros, mas um defeito próprio é difícil detectar. Tal como a palha ao vento uma pessoa apregoa os defeitos dos outros, mas esconde os seus, tal astuto caçador que se esconde por detrás de ramos disfarçados.

Em junho de 2005, em Seul, na Coreia do Sul, uma jovem carregava seu cãozinho no colo dentro de um vagão do metrô, quando ele desceu e fez cocô ali no piso mesmo. Um passageiro ofereceu um lenço e ela limpou o cachorro, mas não recolheu o dejeto. Outros passageiros reclamaram, mas, envergonhada, teria ignorado os pedidos, descendo na próxima estação. Antes de a jovem ir embora, alguém tirou várias fotos dela e do seu *pet* e publicou num site coreano. Em poucos dias, diante da repercussão, ela foi identificada e seus dados pessoais compartilhados na internet.

Ela chegou a publicar um pedido de desculpas, mas continuou sendo alvo de humilhação coletiva. Tornou-se o caso da "*dog poop girl*" (a garota do cocô de cachorro). Teve que abandonar a faculdade e desaparecer para não ser mais perseguida. Este é considerado o primeiro caso de *doxing* (ou *doxxing*) na internet. *Doxing* é investigar e coletar dados pessoais de alguém com o objetivo de torná-los públicos. O propósito, ao expor informações privadas, é envergonhar e humilhar quem fez um ato condenável. Nas redes sociais, é comum encontrarmos mobilizações nesse sentido, como "vamos deixar famosa esta pessoa", seja para incentivar uma investigação coletiva, seja para expor fotos ou dados obtidos com o objetivo de assédio moral.

Definitivamente, há uma patrulha constante sobre o que os outros fazem ou dizem, seja fora ou dentro da Internet, mas que acabará nela se houver uma mínima importância para quem estiver apontando o dedo ou a câmera do celular. Uma palavra mal colocada ou frase tirada de um contexto, um gesto inapropriado, um ângulo de uma foto ou filmagem, uma interpretação distorcida, uma opinião discordante, um tom de voz mais alto, um comentário privado ou uma piada sem graça podem abrir a Caixa de Pandora e liberar todos os males do mundo que carrega.

Estados Unidos, setembro de 2010. Um violinista de 18 anos pede ao seu colega de quarto da universidade um momento para ficar sozinho com outra pessoa. O colega monta uma webcam e filma o encontro privado do violinista com outro homem. Ele acabou compartilhando as imagens pelo Twitter. Sem saber ainda, o jovem pediu mais uma noite sozinho. O colega de quarto novamente preparou a filmagem para transmitir ao vivo. Um dia depois, o jovem, ao ter conhecimento do que tinha acontecido, pegou um carro e se dirigiu a uma ponte, de onde pulou para morte. Quem vazou as imagens foi condenado pela Justiça.

Em abril de 2013, a tradicional maratona de Boston, nos Estados Unidos, foi interrompida por duas explosões. Nesse atentando morreram três pessoas e outras centenas se feriram. No mesmo ano, em pleno Halloween, cerca de seis meses depois, uma jovem de 22 anos se vestiu de maratonista e foi trabalhar. Porém, maquiou-se como vítima do referido atentado, com ferimentos aparentes no rosto, braços e pernas. Ela publicou a foto nas contas dela no Twitter e no Instagram. A partir de então, as pessoas passaram a castigá-la com insultos, ameaças de morte e sugestões que a estuprassem. Divulgaram dados pessoais, como o endereço onde morava, informações da família, do trabalho, telefones, fotos antigas, enfim, o conjunto completo de uma humilhação pública. Foi demitida e sofreu com as consequências.

Em maio de 2014, na Colômbia, um ônibus se incendiou, matando mais de trinta crianças, uma tragédia que abalou o país. Um jovem de 18 anos, estudante de Direito de uma cidade próxima de Bogotá, capital do país, ao entrar no prédio da faculdade para mais uma aula, tuitou frases irônicas e desrespeitosas em relação aos fatos que ainda comoviam a sociedade colombiana. Em poucas horas, uma população enfurecida, de centenas de pessoas, tentara invadir a faculdade para linchar o acadêmico. Ele teve que sair vestido de policial no meio de uma escolta para não ser morto. Por segurança, saiu da cidade e teve até que trocar de nome.

Em 21 de novembro de 2019, aos 60 anos, morreria um dos maiores ícones da televisão brasileira, Gugu Liberato. Dias antes, sofrera um acidente doméstico e estava hospitalizado em estado gravíssimo. Nesse período, a imprensa e as redes sociais estavam focadas no desenrolar da situação. A sua morte comoveu o país inteiro, com repercussão nos programas de TV, que produziram muitos especiais a respeito dele. Um deles acabaria chamando mais a atenção, porque seu apresentador, ao mostrar imagens de uma cena familiar junto com Gugu, numa tela dividida, aparece perguntando à produção sobre a audiência. Não há áudio, apenas a leitura labial do apresentador.

Apesar de serem amigos, colegas na mesma emissora e estar bastante emocionado no especial, a interpretação do seu gesto a respeito da audiência é que marcou os dias seguintes à apresentação do seu programa. Ele foi duramente criticado porque estaria interessado na escalada da audiência num momento de imensa tristeza para o seu público. Muitos internautas pediram a sua demissão e a restante, pela substituição por outro apresentador. Numa entrevista ao programa *TV Fama*, perguntado sobre a polêmica, disse que a audiência fazia parte da vida de apresentador, era um instrumento de trabalho, algo normal para quem trabalhava na televisão.

Perguntado se tinha sido muito massacrado pela internet, respondeu:

> De jeito nenhum. Acho que faz parte, a gente tem sempre [que] ouvir. Tudo na vida a gente tem que ter humildade para ouvir. Essa é a melhor lição que a gente tira de tudo, sabe? Ouvir. Só tem que tomar cuidado, porque o ambiente de internet, hoje as muitas pessoas estão se matando por causa de uma ofensa, por causa da sua cor, da sua condição física. [...] Agora, quando você fala de uma pessoa, você tem que tomar muito cuidado, xingar alguém, chamar de coisas que não vale nem a pena falar, tem muita gente se matando por causa disso. Porque alguém vai lá, um hater vai lá e fala mal dessa pessoa, acho que vale um alerta pra a gente pensar um pouquinho se a internet não tá virando um local de muita propagação de ódio.

Na última semana de julho, uma empresa de cosméticos anunciou nomes de personalidades públicas que participariam da sua campanha para os Dias dos Pais de 2020. Porém, um nome do elenco não passou batido para o Tribunal da Internet: era o de um homem transgênero. Ou seja, alguém que nasceu com órgão sexual feminino, mas não se reconhece como mulher, pois seu cérebro masculino se identifica como homem. O nome que passou a ser contestado é de um ator que, recentemente, experimentava o papel de ser pai pela primeira vez.

Influenciadores conservadores buscaram envolver seus seguidores a cancelar a marca, para que não comprassem mais nenhum tipo de produto vendido por ela. O ator também foi atacado com ofensas nas redes sociais. No entanto, ao contrário do que esperavam os críticos, as ações da empresa subiram com a repercussão da campanha "Meu Pai Presente", além do grande apoio que teve por outros influenciadores. Ela foi capaz de gerar o debate a respeito da importância entre ser pai "de fato", relacionado ao amor paternal, ou apenas de "direito", um mero nome que consta na certidão de nascimento.

HUMILHADOS

Jon Ronson é escritor britânico, autor do livro *Humilhado*, resultado de suas investigações sobre histórias que a internet expôs e condenou. A primeira delas é sobre um jovem escritor estadunidense, famoso por tornar temas da neurociência populares em livros, colunas de revistas e palestras motivacionais. Foi quando um jornalista, que estava à caça de uma matéria para pagar as contas, ao baixar o último trabalho do escritor e palestrante, deparou-se com um capítulo sobre o seu ídolo, Bob Dylan. Nele, encontrou inconsistências que logo buscou explicações com o autor. Como as respostas não eram esclarecedoras, passou a investigar e, ao final, constatou que não eram verdadeiras.

Diante da revelação e da provável exposição, os contatos entre eles transitaram entre desespero, arrependimento, superioridade, mentiras, raiva, inveja e hesitação, até a publicação da matéria. O jovem escritor, pai de três crianças, deixou seu emprego, e todas as cópias do livro que citara Dylan foram destruídas pelos editores, que ainda ofereceram reembolso para os leitores. Acabou recluso em sua casa. Ronson entrevistou ambos os envolvidos. O jovem disse a ele que "os piores dias eram quando se permitia ter esperanças de uma segunda chance. Os melhores eram quando ele sabia que estava acabado para sempre e a destruição era necessária, como um exemplo para outros".

A primeira oportunidade para se desculpar publicamente aconteceu meses depois, numa conferência onde seria transmitido o discurso ao vivo pela Internet. A organização permitiu que as pessoas tuitassem, usando determinada hashtag, em tempo real, sobre o discurso e transmitido por um telão junto ao palco. Inicialmente, a repercussão era positiva, com as pessoas alimentando uma segunda chance e receptivas ao pedido de desculpas. No entanto, a mudança de humor foi levada pela tentativa de se explicar dos erros; o escritor passou então a ser xingado sem qualquer possibilidade de perdão. Segundo o próprio Ronson:

> Senti como se as pessoas no Twitter tivessem sido convidadas a atuarem como personagens em algum drama de tribunal, com permissão para escolher seus papéis, e todas tivessem decidido ser do juiz carrasco.

O jornalista que deu o furo revelaria depois que sentia que os colegas estavam com medo dele próprio, pois poderia estar à espreita para derrubar outra pessoa ou, novamente, um escritor. No entanto, não queria estar associado com a imagem de "um general da caça às bruxas" nem ao comportamento bárbaro de uma multidão revoltada. Somente quatro anos depois dos fatos, o escritor publicou um novo livro. O tema? Sobre o amor. Antes mesmo da introdução, há uma breve nota do autor reconhecendo os erros na publicação anterior e dos cuidados que teve com este trabalho inédito.

A segunda história, de dezembro de 2013, se desenrola em apenas onze horas, entre uns tuites na conexão do aeroporto de Londres, Inglaterra até o desfecho na Cidade do Cabo, África do Sul. O último tinha a seguinte frase; "Indo para a África. Espero não pegar Aids. Brincadeira. Sou branca!". Com 30 anos, tinha o trabalho dos sonhos numa empresa multimídia em Nova York até enviar a fatídica piada para sua conta no Twitter com cerca de 170 seguidores. Um deles retuitou para os seus 15 mil seguidores, e quando ela aterrissou no destino para as férias com a família descobriu o que estava acontecendo na Internet: era o trending topic (assuntos do momento ou, literalmente, tópico de tendência) número um mundial no Twitter!

Todos queriam saber quem era aquela pessoa racista e preconceituosa. Apenas para efeitos de comparação, no mês anterior ao tuite, o nome dela foi pesquisado 30 vezes, segundo resultados do Google. Entre o dia do tuite ao final do mês, 1 milhão e 220 mil vezes. Não só internautas vasculharam a vida dela, como a imprensa em geral. Alguns boatos alimentaram mais o estigma racista, a ponto de funcionários de hotéis onde tinha reserva na África do Sul ameaçarem entrar em greve caso ela se hospedasse com a família. De volta à Nova York, foi demitida e continuou a ser perseguida por muito tempo.

Outros casos descritos por Ronson em seu livro seguem quase o mesmo padrão: erro, exposição, julgamento e humilhação pública, perseguição e banimento. Ele entrevistou também a menina que tirou uma foto em frente a uma placa no cemitério militar fazendo um sinal obsceno, relatado em capítulo anterior. Com mais detalhes, ela conta que após ser despedida do emprego dos sonhos, entrou em depressão, desenvolveu insônia e, por muito tempo, foi perseguida pela imprensa e pela internet. Procurou emprego, mas ninguém respondia quando se candidatava para as vagas. Quando conseguiu, para trabalhar com crianças autistas, vivia sob medo de que descobrissem seu passado.

A VIDA IMITA A ARTE?

Em 2011, os primeiros episódios da série televisiva britânica *Black Mirror* foram ao ar. A série tornou-se um sucesso imediato pela crítica social a partir de uma abordagem futurista, em grande parte perturbadora e distópica. Suas características são tão marcantes que acabou se consolidando como um estilo cinematográfico que as pessoas compararam com outras produções de ficção científica. Na sua terceira temporada, disponível em 2016, os episódios que a abrem e fecham são premonitórios do que viria a ser a cultura do cancelamento: "Queda Livre" [Nosedive] e "Odiados pela Nação" [Hated in the Nation]. Aviso antes que possam nos cancelar: contém spoilers!

Em "Queda Livre", num futuro indeterminado, as pessoas são constantemente avaliadas umas pelas outras. A escala varia entre 1 a 5 estrelas. Seja uma simples interação pessoal com um estranho ou uma atividade cotidiana, como a compra de um café, há uma troca de notas, computadas instantaneamente. Em razão disso, a sociedade vive com um (falso) sorriso no rosto, policiando-se na simpatia e bajulação. A história foca numa mulher solteira que está procurando uma nova residência, mas a casa dos sonhos tem um preço além do que pode pagar. No entanto, com um programa de "influenciadores prime", que exige nota 4.5 da pessoa, há um desconto de 20%, o que seria possível o pagamento do aluguel.

Ela, então, procura uma espécie de "agência de reputação" para alcançar a nota desejada, pois ela "carrega" os insuficientes 4.2. Perguntado de quanto tempo levaria para ela alcançar a nota desejada, o consultor-especialista afirma que, sem "nenhum constrangimento público", cerca de 18 meses. No entanto, como precisa de menos tempo para se mudar, precisaria de um pequeno impulso, ou seja, que pessoas de "alto nível" dessem notas altas a ela. Esse foi o conselho dele. Simultaneamente, ela mantém sua atenção a uma antiga amiga de infância que vive uma vida dos sonhos e que tem nota 4.8. De forma inesperada, a amiga a convida para ser sua madrinha e fazer o discurso no casamento.

Porém, a sua obsessão por ter a nota que espera alcançar a leva a criar problemas com o seu irmão, que parece ser a única família que lhe resta. Ao se despedir para ir viajar até o local do casamento, ela tem uma forte briga com ele, que reclama: "sinto falta quando você era normal, antes desta sua obsessão, quando a gente conversava, toda esta história do ranking... só fica se comparando com toda esta gente e só finge ser feliz". A partir daí, há uma sucessão de distrações e incidentes com outras pessoas que acabam "negativando" sua nota. Próxima de chegar ao destino, com 2.6 de nota, a noiva a desconvida em razão da pontuação, pois todos os seus convidados são 4.5 ou mais.

Mesmo assim, ela segue desesperada, pois acredita que o seu discurso irá lhe trazer a pontuação antiga. Ao pegar o microfone, já tem a nota 1.1 e, em determinado momento, diz "f*da-se o planeta" e todos riem, mas o rumo do discurso toma um caminho indesejado. Ela acaba detida numa delegacia, onde se sente livre para falar tudo o que gostaria, sem filtros ou avaliações de outras pessoas, pois já não tem nota alguma.

No último episódio, "Odiados pela Nação", uma jornalista é hostilizada nas ruas e na internet devido a um texto polêmico que escreveu sobre o suicídio de uma cadeirante ativista aos direitos de pensionistas inválidos. Segundo a imprensa, mais de 20 mil pessoas assinaram uma petição exigindo a sua demissão. Ela chegou a receber um bolo em casa com dizeres ofensivos. Os comentários da sua publicação são ostensivos e agressivos, incluindo o desejo que ela morra declarado a partir da hashtag #DeathTo ("morte a"). Ela é encontrada morta pelo marido – aparentemente, suicídio.

Uma dupla de policiais passa a investigar, pois há vestígios que possa ter sido um assassinato pelo ódio que despertou. O bolo é uma pista e leva a dupla a uma escola de crianças, onde trabalha como professora a mulher que o encomendou. Antes, elas checam as redes sociais da suspeita e lá encontram a referida hashtag com o nome da jornalista morta. A professora confessa que o bolo foi pago por uma "vaquinha" com 80 integrantes de um grupo de mães e que estavam usando a sua liberdade expressão. Perguntada sobre se ela queria a morte da jornalista, ela gagueja e responde "Não, não, não queria. Isso é só uma hashtag viral [...]. É só uma piada".

Outro caso investigado será de um rapper que, num talk show na televisão, diante do vídeo da dança de um grande fã seu, de 9 anos, que está presente ao vivo nos bastidores, xinga o menino por ele não "dançar p* nenhuma", causando a surpresa de todos. Ele é massacrado nas redes e, novamente, a #DeathTo é usada à exaustão. Com mais evidências, as investigadoras passam a vincular as mortes em razão das polêmicas na internet. Descobrem que no fundo há um "jogo de consequências", em que as pessoas mais impopulares com os nomes vinculados a hashtag e com maior compartilhamento nas redes sociais acabam "ganhando". O prêmio? A morte.

Em outras palavras, é como fosse uma "enquete pública" de impopularidade e o vencedor acaba sendo de fato eliminado. Ao perceber como funcionava esse concurso perverso, a polícia passa a se antecipar aos resultados e corre para proteger uma jovem que, ao participar de um protesto, tinha tirado uma foto simulando que estava urinando em um memorial de guerra. A jovem está acuada em casa, chorando e nervosa com os comentários na internet. A imprensa passa a noticiar as mortes e a relação com a *hashtag*, e a questionar se é real ou mais uma lenda urbana.

Em 2016, foi publicado o romance *O tribunal da quinta-feira*, do escritor e jornalista portalegrense, Michel Laub. O autor afirmaria, numa entrevista em 2020, que o seu livro começou a ser escrito sete anos antes e, pelo tema que abordou, teria um tom premonitório sobre a cultura do cancelamento. A história é contada por José Victor, um publicitário de 43 anos que está vivendo os primeiros dias depois do conteúdo dos seus e-mails terem sido expostos pela sua ex-esposa.

Ocorre que esses e-mails eram conversas particulares e íntimas com o melhor amigo de muitos anos sobre diversos assuntos, principalmente, sobre sexo, desejos, doenças, opiniões, sobre a amante e atual namorada. Ainda segundo ele, "uma dúzia de termos ofensivos registrados no presente eterno das caixas virtuais, e algo escrito há anos e em outro contexto equivale a uma ofensa cara a cara dita hoje". O fato é que três meses depois de José Victor deixar a ex-esposa – com quem viveu por quatro anos – ela encontra num papel as senhas dele e, inclusive, da conta de e-mail pessoal.

Nas correspondências, ela descobre que foi traída por uma colega dele muito mais nova, agora namorada de José Victor, e resolve se vingar, selecionando e colando trechos para divulgá-los, iniciando pelas amigas. Estas transmitiram para outras pessoas e, consequentemente, os e-mails caíram nas redes sociais. Os sócios e colegas da agência de publicidade onde ele e a sua namorada trabalham também receberam cópias dos textos. Nas palavras angustiadas dele:

> Você sabe que seu nome também está nos mecanismos de busca, que você estará para sempre vinculada às conclusões que cada um tirou do escândalo, que isso está ao alcance de dois cliques a cada futura entrevista de emprego, a cada flerte com alguém que você acaba de conhecer, a cada pesquisa que sua família ou seus amigos fazem sobre você [...]. Se minha vergonha será a pior possível daqui pra frente, também é por causa da vergonha que esses acusadores pensam que sou obrigado a sentir.

Nos dias que seguiram ao vazamento, José Victor passou a ser execrado nas redes por gente que desconhecia, mas que "de certo modo, eu até esperava os comentários desejando que eu fosse castrado, estuprado e morto", e diante da dificuldade de se manter íntegro no seu emprego, no qual mantinha um certo status, pediu desligamento. Ao final, a caminho de se encontrar pela primeira vez com a sua namorada, depois da repercussão, tem apenas a esperança de manter o relacionamento com quem realmente ama.

BOICOTE À PLATAFORMA DE STREAMING

Paradoxalmente, a empresa de streaming dos episódios citados anteriormente foi alvo de boicote coletivo nos Estados Unidos e no Brasil. No final do ano de 2019, estreou na plataforma o especial de Natal intitulado *A primeira tentação de Cristo*. Este filme foi realizado em parceria com uma produtora brasileira, famosa por vídeos curtos no Youtube, cuja marca registrada é a sátira e a crítica social. De acordo com a sinopse oficial, "Jesus está fazendo 30 anos e traz um convidado surpresa para conhecer a família (Sátira que envolve valores caros e sagrados da fé cristã).".

Imediatamente, em razão do conteúdo provocativo, um levante tomou grandes proporções contra a plataforma e a produtora. Além dos pedidos para que fosse retirado o programa do catálogo, muitos buscaram arregimentar os assinantes a cancelarem suas contas e a boicotar o canal da produtora no Youtube. Os atores também sofreram com a onda de xingamentos. Ações judiciais foram propostas com o intuito de impedir a exibição, até uma decisão aceitar a suspensão, posteriormente derrubada pelo STF. Também houve pedido de indenização por dano moral coletivo a todos os cristãos ofendidos.

Na madrugada da véspera do Natal, a sede da produtora no Rio de Janeiro foi atingida por uma explosão. Ninguém se feriu. Um dos suspeitos do atentado chegou a fugir para Rússia, onde acabou sendo preso meses depois, apesar de negar ter jogado as bombas. A notícia do ataque teve repercussão na mídia internacional. Apesar de a mesma parceria ter produzido e exibido *Se Beber, Não Ceie* em 2018, levando a estatueta de melhor comédia no Emmy Internacional, considerada a premiação mais importante da televisão, ela foi desfeita em 2020.

Em setembro de 2020, nos Estados Unidos, a plataforma voltaria estar envolvida em uma polêmica. Dessa vez, com o filme *Lindinhas* [Mignonnes]. Segundo sua sinopse, "Aos 11 anos, Amy começa a se rebelar contra as tradições conservadoras da família e encontra seu lugar em um grupo de dança da escola". A produção ganhou prêmio no famoso festival Sundance, além de menção especial no festival de Berlim. No entanto, nas redes sociais, acusaram o filme de sexualizar as crianças. Mais de 200 mil tuites num único dia usaram uma hashtag para cancelar a plataforma.

Ela chegou a modificar a capa da produção no meio das acusações de pornografia infantil mas, mesmo assim, seguiu-se o boicote. Noticiou-se que a taxa de cancelamento teria sido uma das maiores em comparação a outros períodos. De acordo com a diretora do filme, ele seria, justamente, uma crítica à sexualização infantil. A empresa se posicionou em defesa da produção, pois representava uma denúncia social contra abusos sexuais na infância. No Brasil, em novembro de 2018, uma série de animação, *Super Drags*, causou repulsa em muita gente antes mesmo de entrar no catálogo, pois influenciaria na sexualidade das crianças. A empresa emitiu nota, informando que se tratava de um programa adulto e que não estaria disponível nas contas infantis. Em dezembro, a série foi cancelada para uma nova temporada.

ATOS, FATOS E GATOS

Em agosto de 2010, numa cidade da Inglaterra, uma família procurou pela sua gata por horas até acessar uma câmera de segurança que captou o exato momento que uma bancária, de 45 anos, cruza com ela, afaga a sua cabeça e, inesperadamente, a pega de cima de um muro e a coloca dentro da lixeira plástica que está na calçada. Ela acabou sendo acusada por crime de crueldade e condenada a pagar uma multa. De acordo com a juíza, o dano à gata foi potencial, mas ela não foi ferida. A mesma juíza reconheceu que a bancária já tinha sido difamada demais pela mídia, levando isso em consideração quanto à pena judicial.

O vídeo tem cerca de trinta segundos e milhões de visualizações em vários canais do Youtube. Em sua defesa, ela não soube explicar o ato, pois já tinha acariciado a gata outras vezes, porque morava na vizinhança. Lamentou profundamente o ocorrido, pois estava vivendo grande estresse e ansiedade com o pai no hospital. No entanto, foi ameaçada de morte e vítima de milhares mensagens de ódio no Facebook. O casal proprietário da gata ficou perplexo com a reação dos internautas quanto ao vídeo e solicitaram que não fizessem nada contra a mulher. Ela acabou pedindo demissão do seu emprego depois de 27 anos da sua admissão.

Na sua primeira entrevista pública depois do ocorrido, já no ano seguinte, disse que foi caçada pela mídia nacional e temeu pela própria vida, pois recebeu muitas cartas de ódio e ameaças de morte. Apesar de ter recebido propostas financeiras da imprensa para contar a sua história, ela não aceitou nenhuma, pois não queria estar sob os holofotes. A polícia chegou a colocar um carro na frente da casa dela durante algum tempo para evitar qualquer aproximação indesejada.

Em julho de 2020, uma blogueira mineira publicou um rápido *stories* apenas aos amigos íntimos no Instagram, referindo-se aos hábitos de fumante. Em tom de brincadeira, direcionou uma baforada no seu gatinho de estimação. O vídeo acabou se tornando público e compartilhado à exaustão com o ódio de praxe. Só em um perfil do Instagram, que reúne notícias "sobre a vida escandalosa da elite brasileira", foram mais de 330 mil visualizações em pouco mais de um mês.

Segundo seu advogado, numa entrevista ao jornal local, uma ONG acabou sendo acionada e foi até a casa da jovem, sugerindo que entregasse o gato, que tivera sido adotado por ela, e esta atendeu à solicitação. Ela também foi intimada a se apresentar na delegacia para ser ouvida sobre possíveis maus tratos. Confirmado que o gato tinha todos os cuidados devidos, inclusive com visitas ao veterinário, foi devolvido à sua dona e liberada sem qualquer crime atrelado ao fato. O advogado ainda confirmou que medidas judiciais seriam tomadas contra aqueles que a atacaram.

A blogueira suspendeu a conta por um período e a reativou posteriormente, com um vídeo autorreflexivo sobre sua trajetória, das origens no interior de Minas Gerais às conquistas pessoais com o trabalho que realiza e, por fim, sobre a sua exposição. Em certo momento, ela diz: "Eu amava a internet, eu achava assim, que a internet me fazia abraçar o mundo. E essa mesma internet que eu tanto amo é a internet que me cancelou".

A JORNALISTA, O MÉDICO E O MONSTRO

Em outubro de 2018, portanto no meio da campanha de segundo turno para dois candidatos à presidência do Brasil, um dos maiores jornais do país publicou uma reportagem a respeito do disparo coletivo de mensagens via Whatsapp contrárias a um deles, identificado como "de esquerda". Essa ação seria financiada por empresários que apoiavam o outro candidato, identificado como "de direita". A matéria repercutiu muito em ambos os lados. Ocorre que a jornalista responsável pela matéria, veterana em coberturas de guerra, teve um vídeo revelado e exposto de uma antiga entrevista junto a estudantes de uma universidade sobre sua preferência partidária: "de esquerda".

A partir de então, como a jornalista afirma, no livro que escreveu e foi publicado em 2020, chamado *A máquina do ódio*:

> "Comecei a sofrer um processo de desconstrução nas redes sociais. […] Recebi milhares de mensagens ofensivas no Facebook, no Twitter e no Instagram. Fechei todas as minhas redes sociais. Em uma delas, o Facebook, um fulano afirmava: 'Se você quer a segurança do seu filho, saia do país. Não é uma ameaça, é um aviso'. […] Hackearam meu celular. […] Cobri o conflito na Líbia em Sirte, no front contra o Estado Islâmico. Fiz coberturas da guerra na Síria, no Iraque e no Afeganistão. Nunca tive guarda-costas. Estava em São Paulo, e precisava de segurança."

A repórter ainda seria vítima de fake news e tudo em razão, segundo ela, de "uma reportagem" e pelo "erro supremo" de ter revelado sua preferência de voto em anos anteriores. Em seu livro, indica que outras jornalistas brasileiras também sofrem de ataques misóginos agressivos. Em março de 2020, uma associação internacional de veículos de mídia publicou uma lista dos casos mais urgentes de "jornalistas sob ataque", e a da escritora estava em terceiro lugar, superado apenas por jornalistas da China, onde não há imprensa livre, e do Tajiquistão, onde quase tudo é proibido, inclusive a comemoração de ano-novo. Em janeiro e março de 2021, ela ganharia, em primeira instância, duas ações indenizatórias contra seus detratores.

No primeiro domingo de março de 2020, uma reportagem veiculada no *Fantástico* sobre a vida carcerária das transexuais trouxe uma imagem que emocionou o país: um médico abraçou uma delas, após esta afirmar que não recebia visitas no presídio há oito anos. Nos dias seguintes, receberia presentes, centenas de cartas e a criação de uma ajuda financeira coletiva. Diante de tal repercussão, o médico chegou a comentar:

> O que me chamou atenção foi a solidão que ela vivia lá. Sete, oito anos sem receber visitas. No momento em que ela me contou isso, notei uma tristeza tão forte no olhar dela que me emocionou. [...] Espontaneamente, dei um abraço nela. Depois, me dei conta do que estava fazendo. Isso gerou uma repercussão enorme, como se fosse inusitado abraçar outro ser humano.

Porém, o crime da detenta também acabaria revelado pela imprensa: estupro e assassinato de uma criança de 9 anos. Então, de um dia para o outro, o médico que a abraçou se tornou o *monstro*, como no clássico publicado em 1886 de Robert Louis Stevenson, *O médico e o monstro*, porém sem usar um soro para libertar o seu alter ego maligno. Uma semana depois, lançou um comunicado na sua conta pessoal do Twitter:

> Há mais de 30 anos, frequento presídios, onde trato da saúde dos detentos e detentas. Em todos os lugares em que pratico a Medicina, seja no meu consultório ou nas penitenciárias, não pergunto sobre o que meus pacientes possam ter feito de errado. Sigo essa conduta para que meu julgamento pessoal não me impeça de cumprir o juramento que fiz ao me tornar médico. No meu trabalho na televisão, sigo os mesmos princípios. No caso da reportagem veiculada pelo *Fantástico* na semana passada (1/3), não perguntei nada a respeito dos delitos cometidos pelas entrevistadas. Sou médico, não juiz.

O médico, e também "réu" no processo de ódio da Internet, utilizaria seu canal no Youtube para pedir desculpas à família da criança morta pela detenta e assumir a responsabilidade pela repercussão negativa. Até o momento, esse vídeo tem mais de dois milhões de visualizações, 30 mil comentários, 154 mil interações "gostei", e 36 mil "não gostei".

1 MILHÃO E 42 MIL REAIS

Em março de 2019, um vídeo promocional, com cerca de um minuto, cujo objetivo era divulgar uma empresa com *expertise* na bolsa de valores, tornou-se o assunto do momento. Nele, uma jovem se apresentava dizendo ter 22 anos e afirmava que tinha 1 milhão e 42 mil reais de patrimônio acumulado por ter comprado ações na bolsa de valores. Logo, todo mundo queria saber quem era a protagonista do "milagre", como muitos afirmaram, pois ela mesmo afirma no vídeo que começou com R$ 1.520 reais e quando tinha 19 anos.

O mundo da internet ficou em pavorosa, não tanto pela fórmula que poderia tornar qualquer um milionário, mas para desmascarar uma possível mentira e a sua autoria. A corrida pela exposição "da verdade" foi grande e logo os primeiros resultados trouxeram que a menina do vídeo era funcionária da própria empresa e que outros valores foram agregados durante o período de investimento. O fato gerou muitos memes, mas também direcionou muito ódio à investidora, que teve a família exposta pelos internautas.

Ela recebeu muitos comentários machistas a partir do que seria a verdadeira origem do dinheiro, como ser resultado de herança ou por ser namorada de um homem rico. Ela teve que enfrentá-los em muitos programas de rádio e televisão, tempo que precisou se desculpar pela forma como foram veiculados seus ganhos na bolsa. Em outubro do mesmo ano, ela apareceu num vídeo oficial produzido pela mesma empresa, pedindo desculpas públicas e uma segunda chance para divulgar melhor o serviço. No final de 2019, na sua conta do Instagram, refletiu sobre o acontecido. Destacamos esta parte sobre o sentimento de culpa e a exposição indevida.

> Em março eu cometi um erro que colocou muita coisa em risco. Além da culpa por expor tanta gente (família e [nome da empresa]), me senti "pelada na Paulista". Minha vida foi revirada e o japonês do outro lado do mundo sabia mais de mim e da minha trajetória do que eu mesma.

No mesmo ano, mas em julho, um famoso youtuber de um canal de finanças e investimentos foi exposto após uma suposta dívida por parcelas não pagas de um imóvel que seria de sua propriedade e que iria a leilão para saldá-las. Como é considerado educador financeiro, passou a ser ridicularizado na internet, além de ser perseguido com ofensas nas redes sociais. Em entrevista à revista *Forbes*, ele esclareceu o ocorrido, agradeceu o apoio que recebeu e lamentou o "barulho excessivo nas redes sociais".

EFEITOS DA PANDEMIA

De acordo com o Ministério da Saúde, a primeira morte confirmada de Covid-19 no Brasil ocorreu no dia 12 de março de 2020. No dia 26 de abril, foram registradas 189 mortes em 24 horas. Na ocasião, uma famosa digital influencer, cujo trabalho é dedicado ao mundo fitness, fez uma festa com os amigos na sua casa. De acordo com a imprensa, não mais que dez pessoas estavam juntas. Ela já tinha sido curada do vírus contraído no casamento de sua irmã no mês anterior.

Seria outra reunião qualquer de amigos, caso não tivesse sido compartilhada nos *stories* do Instagram pela própria anfitriã, onde milhões de pessoas seguem seu perfil e, em algum momento na madrugada, dizer "f*da-se a vida". Diante desses fatos, a repercussão na internet foi reverberada proporcionalmente ao tamanho da exposição da *influencer*. Já no dia seguinte da celebração particular, em resposta à negatividade viralizada, ela pediu desculpas em um vídeo.

> Eu só estou fazendo esse vídeo para pedir desculpas, do fundo do meu coração. Ontem eu juntei meia dúzia de amigos aqui em casa, a gente pediu comida, bebeu. Eu me passei, postei, falei besteira. Enfim, estou extremamente arrependida, estou mal comigo mesma, fui irresponsável, imatura, e mais uma vez queria pedir desculpas. Errei porque não é para juntar gente em casa, porque sei que tem gente passando dificuldade, porque é ofensivo, não ajuda ninguém nesse momento.

No entanto, não foi o suficiente para a massa crítica e isso as cobranças se estenderam às empresas que patrocinavam a influencer. Marcas parceiras acabaram cancelando seus contratos não só com ela, como de outra influenciadora que estava na mesma festa. Segundo a imprensa, teria perdido mais de 150 mil seguidores no Instagram. Em razão dos ataques contínuos, ela suspendeu o perfil na rede social, retornando depois de três meses, o que não impediram novas críticas, inclusive de que o próprio pedido de desculpas teria sido "produzido". Ainda reconheceria: "Eu perdi uma boa parte da minha paz, perdi alegria, perdi trabalho, como vocês sabem, perdi a confiança de vocês. Mas de tudo isso, o que eu mais perdi foi a mim mesma".

Em maio do mesmo ano, uma marca de roupas de alto padrão no país colocou à venda máscaras, mas o que chamou atenção foi o preço alto, cerca de 15% de um salário mínimo. Apesar de ser um kit com duas unidades e ter vendido tudo, a resposta da internet foi quase instantânea, reprovando a atitude da empresa em tempos de pandemia. Importa observar que um pouco mais da metade do valor seria revertido em cestas básicas para uma comunidade carente. Por meio de um comunicado, informou que o lucro seria de menos de 7%. Mesmo assim, as críticas continuaram e ela acabou retirando do seu catálogo as máscaras.

Em junho de 2020, uma atriz brasileira anunciou no Instagram que lançaria uma nova marca de roupas. A campanha trazia fotos de amigos vestindo-as. No entanto, o que chamou atenção nas redes sociais não foram as peças pintadas artesanalmente, mas o nome da marca, "Vírus 2020". Seguiu-se a uma enxurrada de críticas, na sua maioria pelo nome estar relacionado à pandemia. A atriz se defendeu, pois a intenção seria justamente viralizar o "amor e a empatia". Diante da repercussão negativa, pediu desculpas, disse que "nunca quis romantizar a pandemia" e mudou o nome da marca.

No início de julho, durante uma fiscalização sanitária nos bares da capital do Rio de Janeiro, a fim de evitar aglomerações em razão da Covid-19, e acompanhada pela equipe de reportagem do programa *Fantástico*, da Rede Globo, os fiscais foram questionados por um casal que não usava máscaras no momento e que filmava toda a ação deles em determinado estabelecimento. No "calor do momento", a mulher, saindo em defesa do marido, responde: "cidadão não, engenheiro civil, formado, melhor do que você".

A repercussão do episódio na Internet foi instantânea. No dia seguinte, ela foi demitida do seu emprego. O casal de engenheiros e sua família passaram a sofrer ameaças graves, a qual relataram: "Estamos recebendo ameaças por telefone. Estão nos xingando, nos ameaçando, estamos apavorados. Eu não esperava essa repercussão. Estamos com medo de sair na rua. Não queremos nem pensar em sair às ruas." Um amigo do casal veio a público para alertar que:

o que eles estão passando e sofrendo está muito perigoso. Não precisava chegar a este ponto. Acho que as pessoas perderam o limite, a paciência, a parcimônia. As pessoas estão voltando à Idade Média.

Dias depois, o casal foi entrevistado pelo jornal *O Globo* para se defender das acusações que estavam sofrendo e contextualizar o ocorrido. Segundo eles, a demissão ocorreu pela pressão dos internautas na página da empresa, visto que não teriam oferecido a ela a oportunidade para se defender. Por fim, ele afirmaria no final do vídeo da entrevista: "Socialmente, não existo mais, não tenho mais nenhuma rede social, não porque somos covardes, mas que nós estamos [sendo] ameaçados, etc. Estamos com muito medo, estamos com muito medo o tempo todo".

Em julho também, mas na cidade de Santos, litoral de São Paulo, um senhor de 63 anos caminhava na orla sem máscara, contrariando um decreto local que obrigava o seu uso, quando foi abordado por uma viatura da guarda civil do município. A ação foi filmada pelos guardas, que o multaram. No entanto, ele não aceitou a multa, por questionar a legalidade do decreto. Identificou-se como desembargador e ligou para o secretário do município, que seria o responsável pela fiscalização. No final, a multa foi jogada no chão por ele.

O desembargador foi multado pela falta do uso da máscara e por ter jogado lixo no chão. A cena apareceu nos principais noticiários do país, desencadeando uma busca sobre o passado dele, revelando detalhes de sua trajetória. Um mês depois, foi afastado do seu trabalho pelo Tribunal de Justiça para fins de investigação num processo administrativo interno. De acordo com o advogado de defesa, o desembargador estava sob tratamento psiquiátrico desde 2011, o que inclui a ingestão de remédios controlados e com fortes efeitos colaterais. Publicamente, pediu desculpas ao guarda pelos excessos cometidos.

Em setembro, durante uma sessão virtual do congresso argentino, uma mulher sentou no colo de um dos deputados, que retribuiu com carícias e beijou um dos seios dela, que estava vestida. O flagra ocorreu pela própria câmera aberta do deputado de 47 anos. Ainda no calor do flagrante, na madrugada, ele renunciou ao cargo com medo de ser expulso pelos colegas. Ele se desculpou, disse que não tinha cometido nenhum crime, acreditou que o sinal do wi-fi estivesse desligado e ainda pediu que deixassem a mulher que aparece no vídeo e sua família em paz: "Eles não levam em conta que por trás do que comunicam existem pessoas, existem seres humanos. Eles estão fazendo uma caça às bruxas".

Enquanto isso, no Brasil, durante o período de distanciamento, outros descuidos com a câmera ligada e o microfone aberto em sessões oficiais e públicas virtuais também tiveram repercussões na imprensa e nas redes sociais, apesar do desfecho não ter sido como no exemplo anterior. Houve flagras de vereador cheirando uma calcinha; outro, completamente nu depois de um banho; um casal que fez sexo numa audiência pública; palavrões, flatos, comentários íntimos e inapropriados também foram assuntos nas redes que se limitaram a compartilhar a vergonha alheia. Alguns internautas gostam de afirmar diante destas polêmicas: "É pra isso que eu pago a Internet".

"QUEM CANTA, SEUS MALES, ESPANTA"

Em maio de 2016, um jovem funkeiro em ascensão, 20 anos, é entrevistado também por uma jovem repórter de um portal de notícias, numa sessão para lançamento do seu novo trabalho. O vídeo dessa entrevista começa com uma pergunta sobre a sua sexualidade e segue sobre a sua vida particular. Ela iria viralizar com áudios e um boletim de ocorrência contra o cantor, acusado por injúria pela jornalista, numa reportagem que a tornaria pública. A frase "menina, se eu te pego, eu te quebro no meio" entre outras de cunho sexual, além de um pedido de "selinho" marcaram esse episódio.

Segundo a imprensa, nos dias seguintes da reportagem ele perderia contratos comerciais, um show dentro da programação das Olimpíadas do Rio de Janeiro e teria sido "desconvidado" a carregar a tocha olímpica. Ele gravou um vídeo pedindo desculpas publicamente à jornalista e a todas as mulheres que se sentiram ofendidas com as palavras dele. Aceitaria ainda a pagar uma multa em razão da ação de injúria, que foi extinta. Porém, seguiu-se envolvido com outras polêmicas em razão da descoberta de tuítes antigos escritos quando tinha 15 anos. Após isso, anunciou uma pausa na carreira. A repórter, que fez a entrevista, acabou demitida cerca de duas semanas depois, o que gerou revolta contra o portal com o qual ela tinha vínculo profissional.

Em fevereiro de 2017, a então esposa grávida de um cantor de uma dupla sertaneja bem querida pelo público, registrou um boletim de ocorrência contra ele por suposta agressão. Ele a teria empurrado dentro de um elevador e a chutado. Esse fato desencadeou uma reação negativa proporcional ao sucesso que a dupla tinha, repercutindo em toda a imprensa do país. Com as imagens de câmeras de segurança, ele acabaria sendo indiciado por "vias de fato", que não é crime, mas uma contravenção penal, cuja pena é de 15 dias a três meses de prisão ou multa, visto que o exame de corpo de delito não registrou qualquer marca de lesão.

Na época, o referido cantor era um dos jurados de um dos programas mais famosos de novos talentos kids, dividindo com seu irmão a responsabilidade de escolher os melhores cantores na emissora mais popular da televisão brasileira. Ele foi afastado do programa e alguns shows chegaram a ser cancelados em razão da repercussão. Ele ainda justificaria o seu ato em vídeo publicado na sua conta no Instagram, de acordo com a imprensa: "O que eu pratiquei foi um ato desesperado, para conter uma pessoa que estava totalmente fora de si de pegar uma criança de 1 ano, e pela minha filha eu faria tudo de novo".

A dupla viria a se separar em agosto de 2018 em razão de alegado desgaste mútuo. Já a imprensa especulou que o episódio com a ex-esposa possa ter influenciado na decisão conjunta. Na Justiça, o cantor acabou condenado a 18 dias de prisão em regime aberto, além de danos morais, mas recorreu da decisão e até o momento não há uma definição do caso. O vídeo que serviu de prova se tornou público em janeiro de 2020, pois estava sob segredo de Justiça. Em junho, ele iria ainda se referir ao episódio:

> "Seis dias depois do episódio, quase tirei minha própria vida. Prefiro não entrar em detalhes. [...] Fiquei sem chão. Na mídia, antes me retratavam como um ser perfeito, o que nunca fui. Depois, você vira um monstro, o que também não é. [...] Vivi uma dor tão grande que só dormia e tocava. O que me salvou foi a arte. Durante sete meses, tomava banho de três em três dias. Eu me enfiei nos shows, mesmo envergonhado. Era música atrás de música para eu não pensar. Meus músicos me viam acabado, chorando".

Em outubro de 2019, outro jovem cantor, 22 anos, numa viagem à Disney, durante o trajeto que os trenzinhos fazem entre estacionamento e os parques para levar os turistas, filmou pelos stories da sua conta no Instagram uma menina que estava sentada ao fundo do vagão. Entre risadas com os amigos, em razão da aparência dela, alguém diz "parece filme de terror". Ela percebe que é alvo de comentários e aparenta ficar constrangida com a situação. Quem assistiu ao vídeo, imediatamente passou a criticar o cantor e acusá-lo de bullying virtual, pois teria debochado da imagem dela.

As críticas reverberam pelas redes sociais e o músico precisou se explicar, em vídeo, também pelo Instagram. Justificou que era Halloween e que a menina filmada estaria fantasiada de uma personagem de uma animação. Teria achado aquilo "incrível" e, portanto, filmou. Disse ainda que jamais teve qualquer intenção de fazer bullying, especialmente com uma criança e se tivesse a constrangido, não teria postado o vídeo nem dado risada. No entanto, a grande repercussão que seguiu para além das redes sociais, influenciou em cancelamentos de shows e de contratos publicitários.

O caso ganhou contornos piores, pois divulgaram que a menina filmada teria câncer e, por isso, estaria usando uma peruca, fato que nunca foi comprovado, nem mesmo o seu nome e sobrenome. Em dezembro, correria ainda o boato que ela teria morrido por conta da suposta doença. Outro cantor também sofreria com os ataques na rede como sendo o responsável pelo vídeo, por ter o nome artístico muito parecido. Quase um mês depois do ocorrido, ao retornar às redes sociais, com uma entrevista a um colunista social, o jovem cantor, desculpou-se:

> Foi muito infeliz, foi totalmente errado. Mas naquele momento não consegui perceber isso. Foi algo que, para nós, era normal. Só depois parei para analisar que, às vezes, o que é para mim [motivo de piada] não é para os outros. Eu me senti constrangido no lugar dela [da menina]. Poucos minutos depois, comecei a receber muitas críticas. Acabei voltando no vídeo e me toquei. [...] Eu fui muito imbecil naquele momento. Então, isso me preocupou. Não é a minha carreira. Eu preciso de saúde, eu preciso viver. Todos que me conhecem sabe: eu sempre fui uma pessoa do bem. Não quero que um deslize que eu tive acabe com a minha vida, com todo o respeito que eu tenho.

Em agosto de 2020, quase um ano depois do incidente, o cantor compartilharia na sua conta do Instagram a mensagem: "Diga não ao cancelamento! A Internet está adoecendo pessoas!". No entanto, ao contrário da reação que talvez esperasse das pessoas, serviu de estopim para que muitos lembrassem do ocorrido na Disney com o cantor. Há mensagens de apoio, mas os comentários foram em sua maioria em desaprovação ao cantor. Em outubro, a imprensa ainda daria destaque negativo ao apontar que "depois de ser cancelado pelos internautas, o cantor voltou a aparecer em sua conta no Twitter, mas acabou flopando".

Logo no início da pandemia, muitos cantores, cantoras, duplas sertanejas e bandas buscaram fazer lives on-line para que pudessem manter seus trabalhos na ativa, pois os shows deixaram de ser realizados, e para ajudar aqueles que mais precisavam. Toneladas de comida foram arrecadadas, além de tantos outros itens de necessidade mais urgente. No entanto, um destes cantores, ao anunciar a sua live pelo seu perfil no Instagram, prometeu que para cada dez mil pessoas conectadas, dez cestas básicas seriam doadas. O que era para ajudar no engajamento solidário, acabou arregimentando duras críticas a um possível benefício próprio do cantor por conta de uma baixa contrapartida e por ter "condicionado" as doações à audiência.

Uma frase dita pelo cantor no Instagram logo após a polêmica não repercutiu bem entre os internautas: "Nenhum ser humano tem obrigação nenhuma de ajudar ninguém". Diante de tudo, o cantor voltou às redes sociais, pedindo desculpas por ter se expressado de forma errada. Numa entrevista posterior, meses depois, ao ser perguntado sobre o *cancelamento*, respondeu:

> Como que por algo não grave que você fez, um erro bobo que aconteceu ou veio acontecer, e toda trajetória que se teve, toda a dificuldade da história para chegar onde você chegou, ah, tipo vou 'cancelar este cara'. Não faz sentido, simplesmente, por um erro de um ser humano, você dizer 'vou acabar com a carreira deste cara'. Não faz sentido.

Em junho de 2020, duas cantoras pop brasileiras expuseram publicamente uma rivalidade que a imprensa já retratara em outros momentos. Ultimamente, a discussão era sobre a coautoria de uma música cantada em duo por elas. No entanto, o nível do descontentamento entre ambas subiu quando houve exposição pública de mensagens de texto e áudio de conversas, trazendo ainda acusações sérias, inclusive de racismo por parte dos fãs de uma das cantoras contra a outra. Segundo a imprensa, uma delas acabou sendo "cancelada", envolvida por milhares de comentários e críticas negativas dos internautas no Instagram e no Twitter. Porém, não há indícios de maiores consequências a ela, que segue carreira internacional.

O QUE ACONTECE EM HOLLYWOOD, NÃO FICA EM HOLLYWOOD

No início dos anos 1990, um cineasta estadunidense, também ator, indicado 23 vezes ao Oscar pelos seus roteiros e direção, foi acusado por sua ex-mulher de abuso sexual contra a filha adotiva menor, de 7 anos. Na época, ele foi inocentado depois de meses de investigação pela polícia local, pois as provas foram consideradas inconclusivas. Em 2014, já adulta, a filha afirmou que realmente tinha sido abusada. O pai adotivo sempre jurou inocência, acusando a ex-mulher de manipular seus filhos. Quando o movimento #MeToo ganhou força em 2017, e depois, o "Time's Up", o caso voltou a ser destaque na imprensa e muitas atrizes demonstraram desprezo por terem trabalhado com o cineasta.

O mesmo movimento levou à condenação a 23 anos de prisão de um famoso produtor de Hollywood por suas condutas sexuais agressivas e estupro. No mesmo ano, um ator vencedor de 2 Oscars também foi acusado de assédio sexual, ocasionando sua saída de uma famosa série da TV, onde era protagonista, bem como de seu último filme, que seria exibido na Netflix. De acordo com uma reportagem, em menos de 72 horas, "passou de um dos atores mais respeitados do mundo do cinema, teatro e televisão a pivô de acusações de assédio sexual, com a carreira em frangalhos e pedindo um tempo para se tratar".

Em 2019, o estúdio da Amazon cancelou a produção do novo filme do cineasta acusado pela filha, e, em março do ano seguinte, a um mês do lançamento, a editora responsável pela sua autobiografia decidiu não a publicar e devolveu os direitos autorais a ele depois dos protestos que estava enfrentando. Em junho, um colega do cineasta, também diretor *oscarizado*, saiu em sua defesa: "Eu gostaria de dizer que [ele] é um ótimo cineasta e esse cancelamento não é apenas com [ele]". E complementou: "E acho que, quando olharmos para trás, veremos que, além de matar uma pessoa, não sei se você pode apagar alguém como se nunca tivesse existido". Dias depois, em razão das críticas de seus fãs, pediu desculpas por defender o colega.

Em outubro de 2020, uma cineasta estadunidense, publicou no Twitter uma imagem com quatro rostos conhecidos de atores que tem o mesmo prenome e escreveu: "um deles tem de ir embora". O que era para ser uma brincadeira, viralizou, e as pessoas acabaram, na sua maioria, endereçando seus "votos" a um deles, as quais justificaram com diversos insultos e supostas polêmicas que o ator teria se envolvido. Vários colegas partiram em sua defesa, pois ele foi muito xingado nas suas redes sociais. Entre eles, Robert Downey Jr., que publicou na sua conta do Instagram:

> Que mundo ... Os "sem pecado" estão atirando pedras no meu #irmão, [...] ... Um verdadeiro #Cristão que vive pelo #princípio, nunca demonstrou nada além de #positividade e #gratidão ... E ele acabou de se casar em uma família que abre espaço para o discurso civil e (simplesmente o fato) INSISTE no serviço como o valor mais alto. Se você tem problemas com [ele] ... eu tenho uma ideia nova. Exclua suas contas de mídia social, sente-se com seus PRÓPRIOS defeitos de #caráter, trabalhe neles e, em seguida, celebre sua humanidade ...

04 EMOÇÕES À FLOR DA PELE

"*Educar a mente sem educar o coração, não é educação em absoluto*"

(FRASE ATRIBUÍDA A ARISTÓTELES)

SUA HORA VAI CHEGAR!

É importante deixar claro que não estamos *rogando praga* alguma, porque não desejamos nem para os nossos inimigos o cancelamento. O problema é que basta ter sinal de internet para que alguém torne sua vida mais difícil, seja porque não gosta da marca de ração que seu gato come, seja porque a frase em inglês da sua camiseta traz interpretações dúbias e ofensivas. É como já escreveu o jornalista Ernesto Xavier, "se você ainda não foi cancelado, aguarde, é bem provável que a sua hora ainda vai chegar". É uma questão de tempo, infelizmente, pois cada vez mais o exército de *vigilantes sociais* cresce e se arma com lupas mais poderosas.

No entanto, não podemos em hipótese alguma banalizar essa *incultura* que assombra as redes sociais, pois ser cancelado envolve muitos fatores emocionais, sociais e financeiros. A ciranda de emoções negativas começa com uma simples ansiedade, passando por medo, frustração, tristeza, depressão e até mesmo terminar num ato extremo, como o suicídio. Enquanto você está com este livro em mãos, uma pessoa em algum lugar do mundo está sendo cancelada e, despreparada, sofrerá para enfrentar todas as consequências inerentes ao banimento ou ao bullying.

Retratar ou rotular as outras pessoas passa pelo prejulgamento e é difícil dissociá-lo dos sentimentos ou experiências anteriores. Por mais que acreditemos na razão como combustível para os nossos comportamentos e julgamentos, somos levados pela emoção como forma de reagir. É inerente ao ser humano *qualificar* ou *desqualificar* as pessoas, às vezes apenas com um olhar, correndo o grande risco de preconceitos. Você pode estar pensando: "Eu não julgo". Será?

Basta refletir sobre o papel das redes sociais. Quem você conhece que tem perfil nas redes somente para ter um backup das fotos que publica? Mesmo que de forma inconsciente, quando expomos algo, estamos à procura da aprovação dos outros. Nos conflituosos dias atuais, se ninguém criticar já será "lucro". Mas não é só isso. Internamente, há uma gama de sentimentos e emoções para lidar. Pense na ansiedade, medos, frustrações e angústias que estão baseadas na significação dos likes e da expectativa de interação com os demais amigos virtuais ao publicar uma foto ou imagem. O *preço emocional* tem um valor muito alto para se apostar todas as fichas do *cassino social*.

De acordo com relatório divulgado em fevereiro de 2017 pela Organização Mundial da Saúde (OMS), são 18,6 milhões brasileiros diagnosticados com ansiedade e 11,5 milhões com depressão – a maior prevalência desse transtorno na América Latina e a segunda nas Américas, atrás somente dos Estados Unidos, que têm 19 milhões de depressivos. Diante desses números, fica evidente que precisamos nos educar sobre as emoções e os sentimentos, como são estimulados e vivenciados. Por incrível que pareça, as pessoas têm dificuldades em identificar as suas reações emocionais, o que prejudica o próprio tratamento terapêutico.

EMOCIONO, LOGO EXISTO

"Penso, logo existo" é uma frase bastante popular, cuja autoria é do filósofo francês do século XVII, René Descartes. Pensar é racionalizar sobre as coisas, no entanto, não vivemos só da *razão*, mas também da *emoção*. Com pesquisas e estudos, cada vez mais os cientistas estão convencidos de que tomar decisões não é uma atividade exclusiva do pensamento, mas também dos sentimentos. Segundo um dos principais pesquisadores da área, António Damásio, "na verdade, em certas ocasiões a emoção pode ser um substituto para a razão". Ele enxerga a emoção "como, no mínimo, uma auxiliar da razão e, na melhor das hipóteses, mantendo um diálogo com ela".

Importa observar que as emoções não são *ordens*, mas *informações* sobre o estado que se experiencia. Ao menos para nós, animais *bípedes* e evoluídos. Por exemplo, basta pensar na *raiva*, uma emoção básica, porém forte. Diante de uma fila que não tem fim, véspera de Natal, você cheio de sacolas, o tempo estaciona. Fome, cansaço, enfim, o *quadro do sofrimento*. Então, uma pessoa tenta furar a fila à sua frente. Duas opções diante da raiva que lhe toma de assalto: ou você pula na jugular dessa pessoa como um animal *quadrúpede* ou "conta até 10" para avaliar se vale a pena descarregar a raiva naquele momento. De acordo com o escritor alemão Stefan Klein:

> Contudo, essa liberdade de seguir ou não as emoções, só fica ao nosso alcance quando estamos conscientes dos nossos impulsos: os sentimentos racionalmente percebidos nos tornam mais flexíveis. Quando notamos que a raiva nos invade, temos a opção de reprimir o tremor da voz e falar conscientemente mais, o que costuma ser mais eficiente do que gritar e perder a cabeça.

Provavelmente, você já leu ou escutou que somos sensíveis a dois tipos de emoções, as *positivas* e as *negativas*. É uma forma didática de identificá-las, porque mesmo as ditas "negativas", para a psicologia, tem algum conteúdo positivo. Veja, por exemplo, o *nojo*. É uma emoção considerada negativa, mas que pode impedir de nos alimentarmos de comida estragada, por exemplo. Na animação da Disney, *Divertida Mente* [Inside out], é possível observar bem essa distinção; do lado positivo, a *alegria*; do negativo, *nojo*, *tristeza*, *raiva* e *medo*. Quando a *alegria* se ausenta, as outras assumem o comando, tornando a vida mais difícil para a protagonista que carrega todas essas emoções.

É como afirma Paul Ekman, referência mundial sobre o estudo das emoções: "As emoções determinam nossa qualidade de vida. Organizamos nossas vidas para maximizar a experiência das emoções positivas e minimizar a das negativas. Nem sempre temos êxito, mas é isso que tentamos fazer". Nesse sentido, Daniel Goleman utiliza-se da expressão "sequestro emocional" para explicar o motivo para que as *explosões emocionais* aconteçam sem a chance de avaliarmos, conscientes, o que está se passando no momento, evitando assim arrependimentos posteriores. A justificativa que muitos dão por um ato impensado e carregado de emoções é "no calor do momento".

Para a teoria da *inteligência emocional*, difundida por Goleman, é necessário primeiramente aceitar a importância das emoções. Depois, reconhecê-las, aprendendo a identificar e a observá-las de forma consciente. E, claro, saber lidar com elas. Ter mais *controle* das emoções é o que se objetiva neste século. Por sua vez, a perspectiva não pode se contentar apenas com as nossas emoções, mas também reconhecê-las nos outros. Nas palavras de Goleman, as pessoas emocionalmente competentes são aquelas "que conhecem e lidam bem com os próprios sentimentos, entendem e levam em consideração os sentimentos dos outros". É essa inteligência que precisamos aprender.

ESTAMOS CANSADOS DE SENTIR MEDO

Diante de uma tela, logado numa rede social, o sentimento que norteia uma postagem, seja um comentário, seja uma foto, é o de aprovação. Mesmo que tenha sido um "textão" sobre uma conquista ou até um desabafo, internamente não há como negar que paira o medo de não ser aprovado ou mesmo ignorado pelos outros. É como se apresentar no palco de um teatro e não ter espectadores ou faltar-lhe aplausos. O mundo virtual e moderno criou essa necessidade "escancarada" de saber de tudo e de todos. Prestamos muita atenção às avaliações das outras pessoas. Quem já usou apps de comida e aluguel de imóveis para as férias sabe do que estamos nos referindo.

Numa época pré-internet, os críticos especializados nos indicavam o que valia a pena assistir nos cinemas, onde jantar bem e as "estrelas" das placas nos hotéis eram uma referência próxima da qualidade deles. Hoje, todos *acham*, criticam e julgam. Não que é antigamente não tínhamos opinião, mas agora a exposição e o alcance que ela toma vai além da nossa imaginação. Portanto, é compreensível que o medo de ser a próxima vítima de cancelamento atormente a todos nós, pois uma simples postagem pode virar uma grande guerra contra algo ou alguém. Mas como podemos identificá-lo?

Primeiramente, ressalta-se que o medo é uma emoção *inata*, natural, portanto, que não precisamos aprender: nascemos com ela. Reagimos de forma espontânea diante de uma ameaça real ou imaginária, quando o próprio instinto de preservação nos leva a fugir ou a enfrentar o perigo. A reação não é apenas psicológica, mas também biológica, pois envolve, em especial, quatro substâncias químicas: adrenalina, endorfina, dopamina e cortisol. Basta lembrar quando foi a última vez que você sentiu medo ou imaginar-se num avião no meio de uma forte turbulência com um temporal lá fora com intermináveis flashes de luz.

É claro que há diferentes intensidades a considerar, mas mesmo a menor delas gera algum incômodo. Por essa razão as pessoas preferem não enfrentar o medo, escondendo-se de situações que possam lhe colocar em risco. A psicologia chama de *fobia* o medo exagerado ou uma aversão irracional de algo. O problema é que as fobias causam transtornos às pessoas e precisam ser tratadas por especialistas. Por exemplo, alguém que tem medo de viajar de avião (aerofobia) e precisa assumir uma promoção, mas o emprego é em outro estado ou a nova função exige deslocamentos constantes. O que fazer para não viver em sofrimento?

Daniel Goleman descreve como nosso corpo reage quando estamos com medo:

> O sangue corre para os músculos do esqueleto, como os das pernas, facilitando a fuga; o rosto fica lívido, já que o sangue lhe é subtraído (daí dizer-se que alguém ficou "gélido"). Ao mesmo tempo, o corpo imobiliza-se, ainda que por um breve momento, talvez para permitir que a pessoa considere a possibilidade de, em vez de agir, fugir e se esconder. Circuitos existentes nos centros emocionais do cérebro disparam a torrente de hormônios que põe o corpo em alerta geral, tornando-o inquieto e pronto para agir. A atenção se fixa na ameaça imediata, para melhor calcular a resposta a ser dada.

O medo de não agradar outras pessoas ou de sofrer rejeição também pode limitar muito a liberdade e a individualidade de quem sofre tanto consciente como inconscientemente, quando não percebe que sempre age imaginando o que os outros dirão a seu respeito. Quando realmente não agrada ou sofre rejeição, é como se apagassem todas as luzes e a solidão fosse a única companheira na escuridão. As redes sociais estão se tornando ambientes estressantes, deixando as pessoas com medo de se manifestarem além de emojis ou curtidas. Tudo é interpretável. Tudo é julgável.

A situação se torna mais grave porque "o que acontece no Facebook, não fica só no Facebook". Poderia ser no Twitter ou no Instagram, porém, uma repercussão negativa pode ir além do plano virtual e cair na imprensa nacional, como muitos casos já observados e retratados aqui no livro. O medo do cancelamento é sério, porque as consequências são sérias. Não é sensato seguir ao pé da letra a lição de "tá com medo? Vai com medo mesmo!". Se há milhares de anos nossos ancestrais tivessem seguido essa frase dita "motivacional", certamente não estaríamos aqui e agora, pois já teriam sido devorados por animais maiores ou desconhecidos.

Você está com medo de ser cancelado? Pare e pense, antes de voltar às redes sociais interpretando a música do Rick Martin, "Livin' La Vida Loca". Raciocine. Qual a razão desse medo? Você se expõe muito?

Publica qualquer coisa sem avaliar algum tipo de consequência? Gosta de entrar em polêmicas pelo simples prazer de contrariar? Julga tudo e a todos? Não está nem aí para o que os outros pensam? Se a sua resposta for negativa para todas as perguntas anteriores, os riscos são quase nulos para sofrer com banimento ou linchamento público.

Assim, uma forma eficaz de *acalmar* o medo é racionalizar sobre o contexto que a emoção se manifesta. Perguntar-se "porque estou com medo?" é criar caminhos que podem levar a respostas sensatas. O fato que é estamos cansados de sentir medo e a razão é que há medo em tudo. Medo da vergonha, da humilhação, de não ser o bom o bastante, de desapontar as pessoas que nos amam ou que estão apostando na gente, de não conseguir pagar os boletos em dia, dos sonhos não se realizarem, das doenças, enfim, *medo é o que não falta...*

Brené Brown, escritora e especialista na área, no seu livro *A coragem de ser imperfeito*, não tem dúvidas da situação que vivemos:

> Após realizar essa pesquisa durante 12 anos e observar o avanço do conceito de escassez, que passou a assolar nossas famílias, organizações e comunidades, chego à conclusão de que já estamos cansados de sentir medo. Todos queremos ser corajosos. Nós queremos viver com ousadia. Estamos fartos do discurso geral que insiste em perguntar constantemente 'O que devemos temer?' e 'A quem devemos culpar?'.

Nos últimos anos, o que observamos é que a vida está sendo norteada pela busca de prazeres imediatos que são cada vez mais estimulados como as únicas formas de se viver em plenitude, mas quando esses objetivos não são atingidos, normalmente as pessoas desabam. A geração de hoje está cada vez mais sensível às adversidades da vida, pois quanto mais exposta, maiores as chances de sofrer com a própria exposição, e isso traz dificuldade de lidar com as frustrações frequentes. Mesmo as gerações que nasceram em um mundo off-line, arrebatadas pelo canto da sereia das redes sociais, sofrem na adaptação de que para "estar vivo" é preciso respirar e interagir no mundo virtual, pois no fundo há um medo de serem esquecidos.

Basta imaginar que todos os seus ex-colegas do colégio estão numa nova rede social ou no mais recente aplicativo de troca de mensagens e interagem por lá para compartilhar lembranças, fotos e projetar reuniões presenciais. A não ser que deteste todos por qualquer motivo que seja, qual seria a sua reação de não estar entre eles revivendo momentos? Para essa reação há um nome específico: "FoMO" ou "Fear of

Missing Out", literalmente, o medo de estar perdendo algo. Esse medo nos leva a permanecer mais tempo conectados na internet, navegando muitas vezes sem qualquer objetivo, o que leva, inclusive, a patrulhar os outros usuários e comparar-se constantemente. O iceberg da frustração estará sempre à frente da proa.

O medo de levar uma vida frustrante é aterrorizante. A frustração é um sentimento que padecemos por expectativas quebradas, situações insolúveis, sonhos não realizados, insatisfações acumuladas, desvalorização pelas pessoas, desprezos inesperados, vergonhas sucessivas e recompensas perdidas. Pode trazer, entre outros sentimentos, ansiedade, raiva, tristeza, depressão, angústia e ira, produzindo ainda pensamentos autodestrutivos. O medo de errar, para evitar algum tipo de frustração, acaba sendo trocado pela falta de tentativa, pois é mais fácil se omitir do que agir. Assim, a individualidade prospera, cada um sobrevivendo do seu jeito na sua própria *zona de desconforto* com os seus medos de estimação.

ANSIEDADE, O MAL DO SÉCULO

Em geral, a resposta anterior ao medo é a ansiedade. Teme-se, antecipadamente, o encontro com a situação ou objeto que causa medo. Por exemplo, sua amiga *morre* de medo de falar em público e ela foi chamada para apresentar os resultados de uma pesquisa que realizou com tanto esmero para os colegas de trabalho. Tenha certeza que, até o dia dessa apresentação, ela irá imaginar todas as situações contrárias possíveis, como gaguejar, esquecer do conteúdo, escorregar na frente de todos, enfim, a imaginação voa por imagens assustadoras. Quem nunca sofreu com algo que precisava fazer, mas teve medo de as coisas saírem erradas ou de perder o controle, que diga agora ou cale-se para sempre!

Primeiro, é importante trazer uma definição sobre *ansiedade*, que não é a mesma coisa que *medo*, embora exista relação. Enquanto o medo é a avaliação do perigo, segundo os teóricos da psicologia, "a ansiedade é uma resposta emocional provocada por medo". É um estado de apreensão, de ameaça contínua e incerta. Muitas vezes vamos estar presos a pensamentos como "e se?". "*E se* eu publicar esta foto de biquíni, o que as pessoas irão pensar sobre mim?". "*E se* eu me posicionar diferente?". "*E se* não tiver muitas curtidas ou nenhum comentário no meu post?". "*E se* não aceitarem o meu pedido de amizade?". "*E se* não gostarem do meu vídeo?". Infelizmente, as redes sociais despertam muita ansiedade nas pessoas.

Olhar repetidamente as próprias publicações para saber como está sendo a repercussão é um dos sintomas de ansiedade, que pode aumentar ou diminuir de acordo com as expectativas e o volume das postagens. A médica e escritora Ana Beatriz Barbosa Silva, autora de *Mentes ansiosas*, é certeira no diagnóstico:

> A epidemia das redes sociais só reproduz de forma mais explícita os valores que norteiam os indivíduos na sociedade real. Nessa espécie de vitrine social, muitos buscam seus minutos de 'celebridade'. [...] Para a maioria das pessoas, ser uma celebridade significa apenas ser vista, cobiçada e invejada. [...] Essa corrida por 'curtidas' em sinal de aprovação poderia muito bem ser resumida como a ansiosa busca por importância e aprovação social em uma sociedade que pouco se importa com o que de fato as pessoas são ou sentem.

É claro que nem toda ansiedade é igual e há graus de intensidade distintos. Por exemplo, um grau máximo se apresenta como uma *fobia* ou um *transtorno*, já o mínimo, como uma ansiedade leve. Importa destacar que a ansiedade é uma experiência comum a todos nós, exceto, aos *psicopatas*. Em outras palavras, somos todos ansiosos, exceto Freddy Krueger, Jason Voorhees e Pennywise. Portanto, aceite a sua ansiedade para entender melhor como ela funciona. Ela não é necessariamente um sentimento ruim, quando normal e transitório. Ademais, tem aquilo que os profissionais da saúde mental chamam de "funcionalidade adaptativa", pois avisa, de forma antecipada, de uma possível ameaça, exigindo atenção e uma ação.

Uma ansiedade despertada em razão da apresentação de um trabalho futuro ou mesmo para o enfrentamento de uma prova de concurso público que será realizada, serve para chamar atenção para esses eventos, exigindo uma preparação adequada e com foco. Porém, quando a ansiedade atinge níveis indesejáveis, ela começa a provocar prejuízos físicos, emocionais e psicológicos. Os sintomas podem ser desencadeados com intensidade e duração maiores do que o esperado, com significativo grau de sofrimento. Uma *ansiedade patológica*, portanto, doentia, é assim considerada quando exagerada, desproporcional em relação ao estímulo que a provoca.

A teoria traz alguns critérios técnicos para distinguir os estados *normais* e *patológicos*, mas de maneira prática cabe, basicamente, "avaliar se a reação ansiosa é de curta duração, autolimitada e relacionada ao estímulo do momento ou não". O fato é que não há como "zerar" a ansiedade ou, simplesmente, não a experimentar. O que é possível é aprender a identificar seus sinais e lidar com ela para que não haja "picos ansiosos" a ponto de sabotar qualquer reação racional. Não é coincidência que a ansiedade é considerada *multifacetada*, ou seja, implica em sintomas ou respostas fisiológicas, cognitivas, comportamentais e afetivas.

Apenas para ilustrar quais sintomas comuns seriam esses, para você observar na sua experiência cotidiana, destacam-se alguns da lista do *guia do terapeuta* da "Terapia Cognitiva para os Transtornos de Ansiedade". São sintomas *fisiológicos*, entre outros, tremor, agitação, tensão muscular, sudorese, tontura, diarreia, dor ou pressão no peito e falta de ar. Já os sintomas *cognitivos* se referem ao medo de perder o controle, medo da avaliação negativa dos outros, memória deficiente, imagens aterrorizantes, distração e dificuldade de raciocínio. Os *comportamentais* dizem respeito à dificuldade de falar, evitação, inquietação e imobilidade. E os *afetivos*? Frustração, impaciência, nervosismo, tensão e aterrorizado.

Observa-se que muitos sintomas da ansiedade são comuns aos da depressão, podendo se manifestar ao mesmo tempo ou até serem confundidas. É frequente o caso de pacientes que procuram ajuda psicológica em razão de uma ansiedade insuportável, mas, na verdade, trata-se de um quadro depressivo. Portanto, fica o alerta, pois há sinais de ansiedade persistente que podem desencadear a depressão, como irritabilidade frequente, insônia, pensamentos negativos, dor crônica, fadiga e humor depressivo.

DEPRESSÃO NÃO É FRESCURA

Atualmente, estar deprimido é muito mais comum do que se possa imaginar. O excesso de estímulos, as pressões internas e externas por resultados, a necessidade *urgente* de alcançar o sucesso, de conquistar a independência financeira, de alcançar a beleza do filtro preferido do Instagram ou das outras pessoas, de ter milhares de "súditos" adulando nas redes, e de tantos outros desejos incompletos ou inalcançáveis, que a vida real se torna um fardo muito difícil de se carregar sozinha. E a falta de esperança leva ao suicídio.

Segundo aponta a OMS, o Brasil é o país com maior número de deprimidos na América Latina, somando mais de 12 milhões de pessoas. A taxa brasileira, de 5,8% de casos na população, é maior do que a média global, de 4,4%. O problema é que as projeções não são animadoras: espera-se que 20% da população em nosso país terá depressão. Junta-se a esses dados o fato que ocupamos o nada honroso primeiro lugar entre os países mais ansiosos do planeta. Mesmo diante de todas essas informações numéricas, o sofrimento da depressão está longe de ser quantificado ou qualificado em palavras. Para piorar, durante a pandemia, o país liderou casos de depressão e ansiedade segundo pesquisa da USP – Universidade de São Paulo.

Há diferentes tipos de depressão e nenhuma pessoa está imune a eles. É como afirma Robert Leahy, psicólogo e escritor, no popular livro *Vença a depressão antes que ela vença você*: "Qualquer pessoa, independentemente de renda, educação, raça, gênero, sucesso ou beleza, pode ficar deprimida. A lista de pessoas famosas que sofreram de depressão é vasta". Assim, a depressão não é frescura, nem "falta de Deus", porque muitos religiosos praticantes, padres e pastores, também sofrem com a doença, muito menos não é drama, sinal de fraqueza ou "mimimi". Ademais, a depressão é tida como uma "doença silenciosa", pois seus sintomas podem não ser claros para a pessoa depressiva nem para quem convive com ela.

Então, quais seriam as causas da depressão? De acordo com Leahy, além da predisposição genética e a química que envolve o cérebro, que é um forte fator colaborativo, "há inúmeros outros fatores – desde a sua criação até experiências posteriores na vida – podem colocá-lo em maior risco de um episódio depressivo". E o que seria um "episódio depressivo"? Qualquer fato de grande estresse para a pessoa. Alguns são tidos como mais *comuns*, porque são gatilhos emocionais de grande potência: o fim de um relacionamento, divórcio dos pais, viuvez, perder o emprego, o desemprego, o luto, aborrecimentos diários acumulados e a própria pandemia.

Assim, o modo como interagimos na internet pode ser um estressor a longo prazo, principalmente se não sabemos reagir com o que teclamos ou observamos. Uma postagem pode levar você aos extremos, iniciando com uma expectativa alta de que todos irão gostar, passando pela alegria, com os likes recebidos, e podendo chegar a uma tristeza difícil de administrar pelo fato de a recompensa não ter sido suficiente. O quadro piora quando não há plateia para nossa "existência" virtual ou se o feedback é negativo pelos dislikes ou pelas críticas contundentes contra o que compartilhamos.

O *cancelamento*, diante do que tudo de pior pode acontecer nas redes, é a sentença mais severa que o grande Tribunal da Internet, com suas próprias leis, pode invocar na sua "legitimidade". Em razão disso, sem dúvida alguma, é um gatilho para a depressão e os casos relatados aqui indicam esse diagnóstico. Quem desejaria ser expulso do "paraíso" virtual? Se fosse apenas isso... Mas as consequências normalmente envolvem também situações concretas, como perder o emprego, contratos, patrocinadores, os amigos, o parceiro ou a parceira e até a família. Infelizmente, a sucessão desses eventos para muitos pode ser fatal diante de uma dor insuportável, cujo único alívio é não existir.

A lista dos sintomas, segundo o médico e escritor Dráuzio Varella, além do *estado deprimido* e da *anedonia*, que é a perda de interesse pelas coisas, é composta pela falta de energia, insônia ou excesso de sono, sensação de culpa excessiva, dificuldade de concentração, baixa autoestima, ideias suicidas, problemas psicomotores e alteração da libido. Pode ocorrer ainda desesperança, desânimo, sentimento de fracasso, predomínio da tristeza e angústia, dores no corpo sem explicação fisiológica, ataques de ira e raiva persistente. Além disso, há o que Leahy chama de "mente deprimida":

> A depressão tem uma mente própria. Quando você está deprimido, pensa em generalizações (nada dá certo), não se dá o crédito por nada do que faz (eu não faço nada direito) e se rotula nos termos mais negativos (perdedor, envergonhado, humilhado). Você estabelece padrões exigentes que nunca conseguirá satisfazer. Pode pensar que precisa da aprovação de todos, ou que precisa se sobressair em tudo o que faz, ou saber com certeza que algo vai dar certo antes mesmo de tentar. O seu pensamento o mantém aprisionado na autocrítica, na hesitação e na inércia.

Há estratégias efetivas de enfrentar a depressão, mas a *força de vontade* não é uma delas, pois falta-lhe justamente energia para as coisas da vida. A ajuda passa necessariamente pelas mãos de psicólogos e psiquiatras, profissionais da saúde mental. A Terapia Cognitivo-Comportamental, também conhecida como TCC, surgiu nos Estados Unidos como uma psicoterapia dirigida aos casos de depressão e hoje tem sido aquela com melhores resultados clínicos, pois investe num modelo cognitivo focado no pensamento disfuncional. Os remédios também ajudam, mas não para todos os casos e o seu uso isolado, sem psicoterapia, apresenta efeitos mais limitados.

Por fim, fica o convite para você assistir ao término da leitura deste capítulo a um vídeo bastante didático sobre a depressão, disponível e legendado no Youtube, "The Black Dog". Procure sempre ajuda, pois *depressão não é frescura* e não desaparece por esforço próprio. Como diz ao fim no vídeo indicado: "Se você está com problemas, nunca tenha medo de pedir ajuda. Não existe vergonha alguma em fazê-lo. A única vergonha é deixar a vida passar".

A VERGONHA DE TER "CULPA NO CARTÓRIO"

O sentimento de culpa muitas vezes atrapalha consideravelmente o desenvolvimento da vida. Nada mais é do que o sofrimento gerado após a reavaliação de um comportamento passado, tido como reprovável por si mesmo. As redes sociais são molas propulsoras de sentimento de culpa, como de outras *emoções morais*, como a vergonha, a inveja, o orgulho. São emoções resultantes de uma autoavaliação crítica e podem ser classificadas como "negativas", em razão do prejuízo que podem causar. Segundo Daniel Goleman, são conhecidas também por *emoções sociais*, em que "o orgulho é uma emoção social porque nos encoraja a fazer o que os outros vão aplaudir, enquanto a vergonha e a culpa nos mantêm nos trilhos, servindo como castigos internos para as contravenções sociais".

De fato, temos a tendência de confundir a vergonha com a culpa, achando que são a mesma coisa. Em razão desse equívoco, acreditamos que sentir vergonha já seja o suficiente para desculpar-se com o "mundo" caso tenhamos feito algo reprovável, ou seja, adotar uma posição defensiva. No entanto, não é isso que ele espera e o preço do erro fica inflacionado. Por outro lado, admitir um erro é uma forma que reconhecemos como *confissão* de culpa. Nesse sentido, a dica da filha do Dale Carnegie, um dos autores mais influentes do século passado, é a seguinte: "admita os erros com rapidez e entusiasmo". Daniel Goleman reforça a diferença entre sentir vergonha e o sentimento de culpa diante de um erro cometido:

> Sentimos vergonha, por exemplo, quando os outros ficam cientes de um erro que cometemos. Quando sentimos culpa, por outro lado, o sentimento é particular, aparecendo como o remorso quando percebemos que fizemos alguma coisa errada. Às vezes, os sentimentos de culpa podem estimular as pessoas a retificarem seus erros, enquanto a vergonha leva, com mais frequência, à defensiva. A vergonha tem como consequência a rejeição social, enquanto a culpa pode levar à expiação.

A vergonha também pode controlar e limitar as pessoas em razão do medo de serem ridicularizadas e depreciadas. Padrões culturais e morais levam muitas pessoas não resolvidas consigo mesmas ao sentimento permanente da vergonha, rotuladas por preconceito, como a *gordofobia*, que é a aversão a pessoas acima do peso. Não é outro motivo que as fotos publicadas no Instagram são retocadas e carregadas de filtros, tudo pela perfeição estética. Quando alguém quer remar contra a maré, ela deixa de forma evidenciada que a foto é #semfiltro. De acordo com Brené Brown:

> Vivemos em um mundo onde a maioria das pessoas ainda é adepta da crença de que a vergonha é um bom instrumento para manter as pessoas na linha. Isso não só é errado como é perigoso. Esse sentimento está altamente relacionado com o vício, a violência, a agressão, a depressão, os distúrbios alimentares e o bullying.

A autora de *A coragem de ser imperfeito* também enxerga a importância de distinguir vergonha de culpa. A primeira emoção tem o poder de influenciar de forma negativa, pois em geral a reação é de autoproteção, terceirizando para outras pessoas ou justificando o erro, até mesmo se escondendo. Algumas vítimas de cancelamento reagem desse modo. Além disso, quem passa pela vergonha ou apenas vive na ansiedade de não sofrer com ela, estão mais propensos a envergonhar os outros e agir de forma agressiva com eles, como autodefesa. É algo como "vou envergonhar os outros a ponto de ficarem tão frágeis que não terão força para me envergonhar".

Já a culpa, segundo Brown, "é uma sensação desconfortável, mas pode ser benéfica. O desconforto psicológico, que é similar à dissonância cognitiva, é o que motiva uma mudança significativa". *Dissonância cognitiva* é quando agimos de forma diferente do que acreditamos, criando um desequilíbrio interno. Por exemplo, acreditamos na força da empatia, do respeito mútuo e da civilidade, mas basta ver uma opinião na rede social que não concordamos para sermos os primeiros a agredi-la ou desprezá-la. O sentimento de culpa desse hábito reprovável e que nos enche de arrependimentos pode nos levar a evitá-lo nas próximas vezes.

Importa ainda observar a culpa quando ela tem origem em falsas crenças, o que se percebe muito na atualidade diante do que acompanhamos nas redes sociais e dos seus usuários, especialmente no Instagram. Vamos especular que o *inconsciente* faça para o *consciente* a seguinte pergunta ao colocar a cabeça no travesseiro depois de um dia navegando nas redes: "Como todas as pessoas são tão felizes e nós não?". Seremos mais diretos com você: "Você já bebeu hoje seu copo da água da *fonte da felicidade*?". Seus *demônios*, então, serão sarcásticos e dirão que você tem *culpa no cartório*. Infelizmente, muita gente passa a vida alimentando-os sem enxergar que pode vencê-los ao assumir a sua própria imperfeição e a dos outros.

No entanto, enquanto não enxergar nas outras pessoas a mesma imperfeição que você carrega, elas continuarão *pagando* muito caro pelos os próprios erros e pelos os seus que ainda não foram expostos. A cultura do cancelamento fala muito mais de quem *cancela* do quem é *cancelado*. Somos ótimos cobradores dos erros dos outros, porém péssimos devedores. Essa ideia vem da crença de que é *errado* errar e, portanto, deve sofrer castigos pelas faltas cometidas. Qual criança não tem medo de ser levada para o "cantinho do pensamento" como autopunição?

O fato é que errar é inerente à natureza humana, necessário ao crescimento pessoal se aprendemos com os erros. É como ensina John C. Maxwell, conferencista e escritor: não basta nos resignarmos com a máxima *"às vezes você ganha, às vezes você perde"* diante de um erro, mas assumirmos a atitude de *"às vezes você ganha, às vezes você aprende"*. É uma lição popular, mas totalmente coerente com a psicologia, quando diz que os erros ou os fracassos não fazem de você um fracassado ou fracassada. Aceite a sua *humanidade*, responsabilize-se com os seus erros e acredite que eles serão úteis para sua vida e, especialmente, para perdoar os outros que erram também.

ESTRESSADOS, NÓS?

Você já se perguntou por que as pessoas cancelam ou suspendem suas contas nas redes sociais? Ou como gostam de dizer, "dei um tempo"? A primeira resposta, provavelmente, será o estresse que elas geram. São ambientes tóxicos, sem dúvida alguma. Muitas discussões, xingamentos, perfis falsos, trolls, raiva, negatividade, agressividade, fake news, polêmicas, preconceito, falso moralismo, enfim, *filtros de mais* e *filtros de menos*. Todas essas causas denominamos de "agentes estressores", ou seja, estímulos que provocam estresse. Assim, são consideradas *fontes estressoras* todas aquelas que têm o efeito de interferir na dinâmica de nossas vidas, gerando preocupações e consumindo grande quantidade de energia vital.

Apesar do grande estresse que gera, fica a pergunta, sugerida por matéria publicada no UOL: "Por que tanta gente gosta de discutir nas redes sociais?". A falta de diálogo, de pluralidade de ideias e de tolerância domina a interação entre as pessoas, onde não cabe diversidade de opiniões e os *algoritmos*, provavelmente, colocam mais lenha na fogueira – ou gasolina mesmo! De acordo com a reportagem, "tudo aquilo que não pertence ou que não pode fazer parte de mim é interpretado como ameaça" e a reação imediata é partir para "a melhor defesa é o ataque".

Segundo Jaron Lanier, autor de *Dez argumentos para você deletar agora suas redes sociais*, os viciados em redes sociais têm o mesmo comportamento do que drogados e apostadores de jogos, qual seja, eles estão em busca de sofrimento, pois faz parte do ciclo do vício. Eles se tornam mais sensíveis às ofensas, validando respostas mais agressivas ainda. Pesquisas baseadas no nível de cortisol indicam, de acordo com Daniel Goleman, que o pior tipo de estresse é aquele causado quando há confronto com pessoas insuportáveis. Quanto mais estressante for a situação, mais o nosso organismo produz e libera cortisol, por isso é chamado de "hormônio do estresse". Goleman se refere ao tipo de estresse como *estresse social*:

> Ficar sob avaliação ameaça o "self social", a maneira como nos enxergamos pelos olhos dos outros. Essa noção de nosso valor social e status – e, portanto, de nosso próprio valor pessoal – vem de mensagens cumulativas que recebemos dos outros sobre como eles nos percebem. Tais ameaças ao nosso posicionamento aos olhos dos outros são notadamente potentes do

ponto de vista biológico, quase tão poderosas quanto as ameaças à nossa sobrevivência. Afinal, diz a equação inconsciente que, se formos julgados indesejáveis, podemos sentir não apenas vergonha, mas total rejeição.

Complementam os estudos dados que indicam que os níveis de cortisol ficam 50% mais tempo agindo quando a "causa é um julgamento social negativo", ou seja, no estresse social, a pessoa leva mais de uma hora para se recompor. Importa destacar que a intensidade e a duração do estresse podem gerar distúrbios psiquiátricos, entre outras doenças, visto que a nossa capacidade para suportar não é ilimitada. Ademais, ressalta Richard J. Davidson, Ph.D. em psicologia, que "sabe-se há muito tempo que a atividade anormal do sistema de reação ao estresse está ligada ao suicídio". E mais uma vez, nossos genes estão envolvidos na forma que respondemos ao estresse. É quase uma sentença – pais estressados, filhos estressados.

Administrar o estresse é o que todos tentam fazer diariamente, para não implodirem diante de tantos fatores estressores. Mesmo diante das dificuldades em levar uma vida *menos estressante*, os psicólogos enxergam dois tipos de estresse. O primeiro e mais conhecido é o *distresse*, que é o estresse de eventos negativos ou ruins, reconhecido popularmente como sendo o próprio estresse. São todas as situações descritas até aqui. Já o *eustresse* é o estresse de eventos positivos ou prazerosos. É quando, por exemplo, somos promovidos no emprego, com novas responsabilidades, com novos colegas para se relacionar e um salário maior para administrar.

Assim, todos nós não só iremos enfrentar fatores estressantes durante a vida, como ficaremos estressados. Porém, o modo de enfrentar é o que diferencia o motorista que esmurra o volante do carro daquele que está cantando uma música do rádio no mesmo congestionamento. Michael Gazzaniga, psicólogo e neurocientista, lista uma série de problemas que o estresse crônico afeta em nossa saúde, como advertência para aqueles que pouco se importam como lidam com ele, seja ignorando, seja abusando de álcool, drogas ou má alimentação.

Segundo ele, o estresse crônico, isto é, aquele que dura mais, prejudica o sistema imune, deixando-nos mais fracos e sensíveis a bactérias, vírus e infecções em geral. Nosso corpo fica bem mais vulnerável, aumentando o risco de doença cardíaca, principal causa de morte entre adultos. Recentes pesquisas indicam que a *hostilidade* é o fator mais tóxico na relação com a doença cardíaca. Gazzaniga cita um estudo que "pessoas com temperamento explosivo que com frequência são irritadas, cínicas e combativas têm muito mais probabilidade de morrer por doença cardíaca em idade precoce".

Assim, se você frequentemente se irrita quando está nas redes sociais, deve observar se não está afetando sua vida fora das telas. Uma pesquisa publicada no final do ano de 2018 sobre o bem-estar de estudantes universitários, usuários das redes Facebook, Instagram e Snapchat, concluiu que passar menos tempo navegando nelas reduzia a depressão e a solidão. Soma-se a um levantamento feito pela Fundação Getúlio Vargas (FGV), que "para 41% dos jovens brasileiros, as redes sociais causam sintomas como tristeza, ansiedade ou depressão", e de especialistas da Universidade de Pittsburgh (EUA), que alertam que "os mais viciados nas redes sociais têm quase o triplo de chances de desenvolver depressão se comparado às pessoas que passam menos tempo conectadas".

Permita-se enfrentar o estresse focalizando no problema. Todos nós estamos diariamente expostos a pequenas fontes estressoras, o que é normal. Preocupante é o jeito de lidar com elas e o estado emocional pode interferir diretamente na forma de superar os eventos estressores. Por exemplo, acordar pela manhã e estar exposto ao noticiário com pautas negativas. Alguém dúvida que não influencie no "estado de espírito" ao pegar o transporte público já lotado ou com o trânsito parado? O que é mais sensato fazer? Reflita. Do mesmo modo, acordar com o despertador *berrando* depois de uma noite mal dormida, abrir suas redes sociais e todos estão postando fotos de um café da manhã em hotel 5 estrelas, com sorrisos cheios e frases motivacionais. O que é mais sensato fazer?

O DIVÓRCIO DA VIDA

Pouco se fala sobre suicídio dentro das famílias, escolas e nas igrejas. É um tema tabu, pois existe a impressão de que, quando se trata do assunto, pode atrair mais suicidas. Por outro, o Setembro Amarelo, mês sobre a conscientização das causas que levam ao suicídio nunca provocou mais casos tentados ou confirmados. Em razão disso, decidimos falar abertamente sobre suicídio, pois acreditamos que é a forma mais eficaz de evitá-lo. Sabe-se que as redes sociais geram um turbilhão de emoções, em grande parte, negativas. Além disso, há o cyberbullying, o linchamento virtual e o cancelamento.

A relação direta das redes sociais e os casos de suicídio entre jovens tem alertado os serviços públicos de saúde pelo mundo, pois há um aumento considerável na última década. Um caso emblemático aconteceu na Inglaterra em 2017, quando uma menina de apenas 14 anos tirou a própria vida. Após a sua morte, seus pais foram examinar sua conta no Instagram e ficaram surpresos com o conteúdo que viram: imagens de autolesões, depressivas e sugestivas para suicidas. O pai da menina foi categórico: "Não tenho dúvidas de que o Instagram ajudou a matar a minha filha".

A repercussão foi grande na imprensa britânica a ponto de o Instagram começar a monitorar imagens de automutilação, bem como publicações que pudessem levar ao suicídio. Só entre abril e junho de 2019, segundo a rede social, quase 850 mil imagens foram removidas por esse motivo, mas que ainda é impossível alcançar a todas. Depois da revelação do pai, cita-se que "mais de 30 famílias acusaram as redes sociais de terem contribuído para os suicídios que vitimaram os seus filhos". O canal BBC acompanhou a viagem dele aos Estados Unidos, onde visitou outros pais cujos filhos também se suicidaram. É a segunda maior causa de morte entre jovens de 12 a 18 anos.

Há uma incompreensão social de como alguém pode tirar a própria vida. Por exemplo, alguns se referem ao suicida como "corajoso"; outros, como "covarde". Porém, nem um, nem outro, pois quem está tendo ideias suicidas não está no controle de seus pensamentos e emoções. Basta imaginar que o suicida está sentado no banco de trás de um carro em alta velocidade. É possível perguntar se ele é um bom motorista, se ele não está no volante? Quem está de fora precisa estar atento aos mais singelos sinais de pedido de socorro.

Em 2017, a série *13 Reasons Why* estreou na Netflix com a polêmica de tratar sobre o suicídio. Acusaram de incentivar ou romantizá-lo entre os jovens, mas de acordo com a imprensa, depois da sua estreia, a procura por ajuda aumentou em 445% em centros de prevenção. De fato, muitos motivos podem levar alguém a tirar a própria vida ao suicídio. Em geral, quando não há mais esperança em enfrentar as pressões, cobranças sociais, culpa, remorso, depressão, ansiedade, medo, fracasso, humilhação, vergonha, estresse etc. Não é a falta de alegria, como muitos pensam, pois sorrisos não são garantia alguma de que uma pessoa está feliz.

Robert Leahy explica que o suicídio é a *"última expressão da falta de esperança"* e que é preciso identificar os "preditores de risco", ou seja, situações que têm o potencial de prevê-lo como por exemplo:

> Ter feito uma tentativa anterior; sentir desejo de morrer durante uma tentativa anterior (às vezes, as tentativas não têm a intenção de ser letais); comportamento de automutilação, como se cortar ou se bater; acesso a arma de fogo; acumular comprimidos; escrever um bilhete de suicídio; ameaçar cometer suicídio; abuso de drogas ou álcool; falta de suporte social; sentimentos de desesperança; e sentir falta de motivos para viver.

De acordo com a OMS, 90% dos suicídios poderiam ter sido evitados. Portanto, se você tem ideações suicidas ou desconfia que outras pessoas possam estar sofrendo, peça ajuda! O Centro de Valorização da Vida (CVV) presta serviço voluntário e gratuito, oferecendo apoio 24 horas todos os dias, seja por telefone (ligue 188), por e-mail ou *chat*. Eles mantêm sigilo total no contato e não tem qualquer custo, nem na ligação. O site é www.cvv.org.br. Por estes canais, "são realizados mais de 2 milhões de atendimentos anuais, por aproximadamente 3.400 voluntários, localizados em 24 estados mais o Distrito Federal". A instituição possui ainda conta no Instagram (@cvvoficial), Facebook (cvvoficial), Twitter (CVVoficial) e Youtube (CVVOficial), trazendo informações, esclarecimentos e ajuda para todos.

05 QUEM MANDA, O PENSADOR OU O PENSAMENTO?

"Somos o que pensamos. Tudo o que somos surge com nossos pensamentos. Com nossos pensamentos, fazemos o nosso mundo."

(FRASE ATRIBUÍDA A BUDA)

A FORÇA DO PENSAMENTO

No Natal de 2006, se algum presente esteve em todas as comemorações nas famílias estadunidenses foi, sem dúvida, o livro de autoajuda *O segredo,* da escritora australiana Rhonda Byrne. No Brasil, seria lançado em maio do ano seguinte, numa tiragem inicial de 100 mil exemplares, depois de o filme com título homônimo estrear nas telas dos cinemas brasileiros. O livro foi o sucesso editorial do ano no mundo inteiro! Muitas outras publicações pegaram carona, abordando o mesmo assunto. Mas afinal, qual seria esse "segredo"? A *Lei da Atração*.

Em síntese, a Lei da Atração propaga que tudo o que *pensamos*, atraímos. Assim, se você pensa *positivo*, por conseguinte, irá atrair coisas *positivas*. Se pensar *negativo*, atrai? Isso mesmo! Coisas *negativas*. Sendo assim, a força do pensamento, conectada com o "Universo", seria a responsável pelas coisas que acontecem conosco, tanto boas como más. Por exemplo, se você deseja perder peso (quem não deseja?), não pense em *perder peso*, mas se concentre no seu *peso ideal*. Ao senti-lo, você estará atraindo-o para você. Não sabemos exatamente quantos nutricionistas tiveram que mudar de profissão por falta de clientes na época do livro, mas hoje os consultórios de psicólogos e psiquiatras estão cheios de pacientes com dificuldades de lidar com o próprio corpo.

Como Buda teria dito, "somos o que pensamos". Mas também somos o que os outros pensam da gente, porque nos importamos com as avaliações alheias, algumas mais, outras, menos. Por outro lado, há pensamentos que não passam de idealizações, pois mesmo que se "peça" para o Universo o prêmio da *mega-sena* acumulada – afinal, a fórmula de Byrne é "peça, acredite e receba" – e nunca for um dia sequer na lotérica para preencher os números na cartela, jamais a força do pensar terá efeito concreto, além de um sonho acordado.

A banda *Cidade Negra* já exaltava a força do pensamento na letra da música "Pensamento", ao cantar que "Eu fui para o Japão, com a força do pensar. Passei pelas ruínas, e parei no Canadá. Subi o Himalaia, pra no alto cantar. Com a imaginação que faz, você viajar, todo mundo". Ocorre que o excesso de imaginação pode nos levar a uma vida irreal ou inalcançável, cujo preço da frustração de não a alcançar pode sair caro demais para suportar. Em razão disso, emoções sociais *negativas* surgem como "agiotas", cobrando inveja, ciúmes, ódio, culpa e desprezo. Além da autopunição (ou não), aqueles que levam "a vida que eu pensava em ter – e não tenho" sofrerão com agressividade.

Assim, como um comportamento exteriorizado, o ato de *cancelar* alguém se torna resultado do pensamento, levado pela força da racionalização e motivado pelas emoções que dão cores a ele. As crenças pessoais também fazem parte desse processo, visto que são formadas e influenciadas pelo conhecimento, experiências e a percepção de cada um com o mundo que lida. Por exemplo, achar que o *cancelamento* irá colocar "a pessoa no seu devido lugar" é um deles. Outros poderão acreditar que cancelar "não fará qualquer diferença" ou até mesmo "dará mais publicidade" à vítima, pois supõem ser verdadeira a frase "falem bem ou falem mal, mas falem de mim".

Se as emoções parecem ser mais difíceis de serem controladas, seja para evitar cancelar alguém, seja para suportar um cancelamento, a boa notícia é que os pensamentos podem ser modificados. Para tanto, aposta-se na Terapia Cognitiva-Comportamental – TCC, uma abordagem terapêutica desenvolvida por Aaron Beck, bastante popular e que busca uma mudança cognitiva, envolvendo pensamentos e crenças e, consequentemente, uma modificação comportamental e emocional. Em outras palavras, a TCC ensina as pessoas a "pensar sobre o pensamento".

Apesar de ser uma terapia *jovem*, comparada com a secular psicanálise, por exemplo, tem como fonte as filosofias milenares orientais e gregas. O filósofo grego Epiteto já teria percebido que "o que perturba o ser humano não são os fatos, mas a interpretação que ele faz dos fatos". Assim, os terapeutas cognitivos abordam um modelo que envolve a avaliação cognitiva sobre um determinado evento ou fato e a reação emocional e comportamental em relação a ele. Por exemplo, diante de críticas severas nas redes sociais, em vez de se levar pela agressividade e pelas palavras dos outros, surge a oportunidade de avaliar a própria integridade, pois não somos nem merecemos o que dizem de mal sobre nós.

Quando entendemos que as nossas respostas emocionais são indesejáveis ou excessivas, e nossas atitudes reprováveis, percebemos que elas não passam de produtos de um "pensamento disfuncional", ou seja, que não funciona como deveria. Esse "modelo cognitivo" é a base da TCC, segundo a qual os três elementos principais interagem entre si: pensamentos, emoções e comportamentos. Em razão disso, ao alterar o pensamento, que são formados pelas nossas *crenças*, estaremos modificando nossa *maneira de sentir* e *agir*. Não somos robôs, portanto, podemos mudar nossos pensamentos por conta própria ou com a ajuda necessária, pois nossa mente é mais flexível e adaptável que você possa imaginar.

O PODER DAS CRENÇAS

Há pessoas que passam a vida toda se autossabotando, porque cresceram na infância e adolescência sob o estigma de serem "burras". Em todo e qualquer erro ou fracasso foram acusadas de ignorantes, incompetentes e fracas. Inevitavelmente, tornaram-se adultas crentes de que desmereciam o melhor da vida, por acreditarem que a sua "burrice" era justificada e validada por todos. Assim, restarão relações ruins, empregos insuportáveis resumidos numa vida na mediocridade. Para a psicologia, *crenças* são as ideias e percepções de uma pessoa, consideradas por ela *absolutas* e *verdadeiras*. São formadas e estabelecidas a partir da visão que se tem de si e do mundo.

Assim, as crenças têm o *poder* de "profecias autorrealizáveis", pois influenciam diretamente nossas ações. Por exemplo, quem se acha que é o "fracasso em pessoa", agirá desse modo tanto na sua vida profissional como na sentimental. Dessa forma, o pensamento, movido pela crença, refletirá no comportamento e nas emoções, e havendo uma disfunção na percepção da realidade, tudo se tornará um ciclo vicioso, alimentando-se de frustrações e equívocos. Mudar as crenças não é tarefa fácil, principalmente aquelas chamadas de "nucleares" ou centrais, por serem compreensões enraizadas, profundas e rígidas.

Importa destacar que todos nós temos crenças e são através desses filtros que enxergamos e categorizamos o mundo, o ambiente, as pessoas e a nós mesmos. Talvez alguém já tenha lhe dito que você tem a "cabeça dura", por acreditar numa coisa e não ter argumento algum ou alguém que lhe faça mudar a sua opinião. Essa provavelmente é uma *crença nuclear*. O problema é quando ela representa uma percepção errônea da realidade, estruturando *esquemas mentais* como uma fórmula que reage a todas as situações, como um canivete suíço. Se a crença é "os homens não prestam", ela acabará servindo como empecilho para permitir relacionamentos saudáveis tanto na vida privada, como no ambiente de trabalho, pois a suspeita estará sempre presente.

No livro *A mente vencendo o humor*, os psicólogos e escritores Dennis Greenberger e Christine Padesky explicam melhor:

> Todas as pessoas têm crenças nucleares negativas e positivas. Isso é normal. Nossas crenças nucleares são ativadas quando experimentamos estados de humor fortes ou temos experiencias que são muito positivas ou muito negativas. Quando estamos nos sentido bem, nossas crenças nucleares positivas estão ativas ('Sou inteligente'), quando temos estados de humor negativos, nossas crenças nucleares negativas são ativadas ('Sou estúpido').

Como nos pensamentos, é possível identificar e avaliar as crenças nucleares para então flexibilizá-las, confrontando com a realidade e oferecendo alternativas. O problema da *rigidez* de uma crença, mesmo as positivas, é não permitir que se faça questionamentos. Por isso, ao acreditar que "todas as pessoas são confiáveis" – uma crença positiva –, é possível que a pessoa se torne vítima em potencial de golpes ou de desilusões amorosas. Desse modo, a dica é enxergarmos nossas crenças como um software inacabado, que sempre precisa ser atualizado e aperfeiçoado com o tempo, aberto a mudanças e reconfigurações para funcionar melhor o hardware. No caso, nós!

Procurar *evidências* que apoiem crenças novas ou rebatem crenças antigas é uma forma de ajustar nosso *GPS mental*. Faça esse exercício de imaginação. Alguém publica uma foto típica de #tbt no próprio perfil numa rede e entre likes e emojis felizes, uma pessoa desconhecida faz um comentário desagradável ou não pertinente. Se você é como nós, provavelmente não gostará disso. Mas há quem veja isso como uma "prova" de que ela "não agrada as pessoas" e estrague o dia. Diante dessa crença, recomenda-se procurar evidências, se é verdadeira ou não. Nesse caso, apenas um comentário negativo serve como prova. Por outro lado, há dezenas de likes e emojis fofos validando que ela agrada muito as pessoas. Portanto, a crença é irreal. Ademais, é possível criar outras crenças positivas a partir de evidências que apoiem que "não é preciso agradar todas as pessoas" ou "só é preciso agradar a si próprio".

Para enfrentar um cancelamento, no entanto, é preciso uma blindagem mais resistente para lidar com as fortes emoções que podem levar a todo tipo de *distorções cognitivas*. Porém, crenças já enraizadas e que serviram para lidar com momentos ruins anteriores podem ajudar na segurança da turbulência, inclusive fornecer *paraquedas emocionais* de sobrevivência quando o mundo cai ao redor. Observar os casos de pessoas canceladas e que enfrentaram todos os prejuízos sofridos é bastante terapêutico, pois demonstra que a vida segue como um carrinho de montanha-russa, rápido e devagar, subindo e descendo até terminar os trilhos.

Se as suas crenças positivas não são tão sólidas a ponto de lidar com grandes dificuldades, aprenda a identificar suas necessidades e peça ajuda se elas são mais complexas do que gostaria que fossem. Lembre-se, a TCC comprovadamente ajuda a modificar pensamentos, emoções e comportamentos, mas o primeiro passo cabe a você, pois só pode se ajudar aquele que *quer* ser ajudado. Situações traumáticas também podem despertar crenças negativas que as quais a pessoa não tinha consciência. Assim, alguém que até o cancelamento demonstrava influência social positiva, com ele passa se enxerger diante do espelho um "péssimo influenciador". Conforme afirma Robert Leahy:

> Suas atitudes disfuncionais, ou mal-adaptativas, podem ficar escondidas quando você não está deprimido. Você pode não ter consciência delas. É como se estivessem esperando para ser ativadas ou preparadas por um revés em sua vida. [...] Quando tem uma experiência que desencadeia um humor triste, porém, suas crenças e valores negativos são ativados. Isso torna mais provável que você mergulhe em uma depressão mais profunda.

E o que seriam as tais *crenças limitantes* que os *coaches* e palestrantes motivacionais gostam de abordar? São as *crenças negativas* que, de alguma forma, limitam a ação de algo que possa ser positivo na construção da história de cada um. Por exemplo, acreditar que nas redes sociais não fará amizades, porque nelas "só tem gente superficial". Essa crença é limitante, pois qualquer possibilidade de conhecer novas pessoas ou mesmo reencontrar antigas amizades não existirá. Sugerir que procure evidências que a sustentem ou confrontar com outras, no mínimo ajudará a pessoa a tomar consciência de que a sua crença não seja uma *verdade absoluta*.

PENSO NO AUTOMÁTICO, LOGO EXISTO

De acordo com a teoria da TCC, existem *três níveis* da cognição, sendo o que está mais na superfície é a *consciência*, onde passa a sua compreensão deste texto neste exato momento e as distrações à sua volta. Já as *crenças nucleares*, a significação das coisas para você, representam o nível mais profundo. Entre esses níveis está o intermediário, os *pensamentos automáticos*. Você já deve ter percebido que a psicologia tem nome para tudo, não é? Enfim, os pensamentos automáticos são aqueles que *surgem* em nossa mente, de forma involuntária, são rápidos e, na maioria das vezes, não percebemos ou racionalizamos.

Se fossemos parar por um instante para avaliar, somos "bombardeados" por centenas de pensamentos ao longo do dia. Alguns fazem sentido, outros, nem tanto, atrapalhando a concentração exigida para realização de uma tarefa, como a leitura deste livro. Não adianta fechar a porta de onde você está agora e colocar uma placa "não perturbe" se as portas da sua mente estão sempre abertas para pensamentos automáticos. Todas as pessoas têm *pensamentos automáticos* e que podem ser lógicos e verdadeiros, adequados à realidade. O problema é quando são exagerados, irrealistas e disfuncionais.

Então, o que seriam *pensamentos automáticos disfuncionais*? Você já aprendeu que *disfuncional* é o que não funciona, ou seja, são pensamentos que não estão "normais" e que podem ocasionar *distorções* da realidade. Ninguém está imune a eles, mas ocorre frequentemente com pessoas com transtornos de depressão ou ansiedade que "vivenciam inundações de pensamentos automáticos que são desadaptativos ou distorcidos, os quais podem gerar reações emocionais dolorosas e comportamento disfuncional". Nas pessoas depressivas, os pensamentos automáticos alimentam a baixa autoestima; nas ansiosas, a incapacidade de enfrentar ameaças.

É possível que você conheça alguém que publica nas redes sociais somente coisas lindas e românticas do relacionamento com outra pessoa. Seria o casal perfeito se você não soubesse, nos bastidores do off-line, que se trata de uma relação abusiva. Há muitas brigas, ciúmes e até agressão recíproca. Mas se você não conhece, ao menos já se surpreendeu com a notícia da separação de casais famosos que, até o dia anterior ao término, juravam amor eterno nas redes sociais. É possível que em vários desses casos a distorção da realidade seja causada por pensamentos automáticos disfuncionais, alimentados por crenças nucleares como "a separação é para fracos", "o casamento é para sempre", "o que irão dizer se me separar" ou "se me separar, ninguém vai mais me querer".

Por isso, ensina Judith Beck, filha de Aaron, fundador da TCC, que é mais fácil para as pessoas reconhecerem "a distorção em seus pensamentos específicos do que a sua compreensão mais ampla de si mesmo, de seu mundo e dos outros", pois os pensamentos automáticos estão mais próximos da consciência, enquanto as crenças nucleares são mais profundas. Assim, identificá-los é o começo para que seja avaliada a validade deles para que sejam desafiados. Por fim, segundo Judith, "em termos cognitivos, quando pensamentos disfuncionais são sujeitos à reflexão objetiva, as emoções, o comportamento e a reação fisiológica do sujeito, geralmente se modificam".

FILTROS DISTORCIDOS

Talvez, você nunca tenha brincado na infância com o "telefone sem fio", mas desconfie o que seja. Numa roda, as crianças passam uma informação cochichando para o colega ao lado até chegar na última, que revelará qual é a frase que se iniciou. Ao menos das nossas lembranças, sempre a frase do início era diferente da frase do final. Ou seja, cada pessoa interpretava a informação e a compartilhava do seu jeito, distorcida. Nossa mente funciona por meio de conexões como a brincadeira do telefone sem fio: nossos sentidos captam a informação e, depois do complexo processo cognitivo (crenças, emoções e pensamentos), estamos prontos para acreditar na interpretação final.

Em filmes de tribunais, nunca lhe ocorreu se perguntar por que as testemunhas presentes ao mesmo fato têm percepções diferentes sobre ele? Ou então diante da mesma notícia, foto ou *post* é possível observar reações distintas? O fato é que processamos tudo através de *filtros* próprios, como é possível fazê-lo no Instagram, mas alguns deles são denominamos de *distorções cognitivas*, porque "os significados que você atribui a certos tipos de eventos negativos podem não ser totalmente precisos, reais ou úteis", afirmam os terapeutas e escritores Rhena Branch e Rob Wilson.

Em outras palavras, as distorções cognitivas são erros de interpretação diante de fatos ou situações, levando a comportamentos equivocados e a um sofrimento que poderia ser evitado. Quem já se arrependeu de ter feito algo, provavelmente deve ter pensado "onde eu estava com a cabeça?". Conclusões precipitadas e ligeiras suposições acabam sendo resultado do uso de *filtros distorcidos* e a psicologia dá nome a diversos tipos, pois identificá-los ajuda na prevenção e na solução dos mesmos. Todos nós fazemos uso de filtros no dia a dia, o que não significa algum tipo de patologia. Ademais, eles podem atuar de forma simultânea, portanto, não entre em pânico caso você se identifique nas conceituações abaixo, porque é normal (muita calma nesta hora!).

* **Vitimização:** a pessoa se sente vítima em todas as situações e nunca se responsabiliza pelas suas ações. Os outros devem ser culpados pelos seus sentimentos. *P. ex.:* "Não lembro de ter escrito isso"; "Os outros que me incentivaram a postar".
* **Abstração Seletiva:** visão em túnel, em que ocorre um "afunilamento" do pensamento e a parte negativa toma uma proporção maior do que a positiva. É como um filtro mental, só aceita enxergar dentro da própria expectativa. *P. ex.:* Diante de vários comentários positivos numa foto que você publicou, há apenas um negativo, mas que é o suficiente para estragar o dia.
* **Polarização:** aqui ocorre o pensamento "tudo ou nada", também conhecido como pensamento dicotômico, que varia entre extremos. *P. ex.:* "Ou esta foto sensual chama a atenção ou nunca mais publicarei algo"; "Ou consigo engajamento entre os meus seguidores ou desisto de tudo".
* **Catastrofização:** é a expectativa de que sempre acontecerá o pior ou o aumento desproporcional dos pensamentos. É o famoso fazer tempestade num copo d'água. *P. ex.:* "Se publicar algo e as pessoas não gostarem, irão me cancelar"; "Se eu for cancelado, vou perder tudo"; "Se eu não tiver sucesso nas redes sociais, serei sempre um fracasso".
* **Premonição:** uma distorção que leva sempre à adivinhação, suposições ou à predição do futuro, resultando em conclusões precipitadas pela falta de evidências. *P. ex.:* "Se publicar uma foto que indique que estou acima do peso irão dizer que estou bonita só por compaixão"; "Preciso publicar a toda hora, caso contrário, as pessoas irão se esquecer de mim".

* **Minimização e Maximização:** minimizar é desqualificar o positivo e maximizar o negativo. *P. ex.*: "Eu tenho 10 mil amigos no Instagram, mas muita gente tem"; "Minha foto tem dezenas de curtidas, devem ter pena de mim"; "Não vou publicar minha foto da posse do cargo público, qualquer um passaria no concurso".
* **Foco no julgamento:** as avaliações são simplistas sobre si, os outros e os fatos. Assim, elas ficam restritas a bom/ruim, superior/inferior etc. *P. ex.*: "Minhas postagens não interessam a ninguém, porque são ruins"; "Minha amiga faz sucesso nas redes com tantos likes, mas sou um fracasso porque não importo para as pessoas".
* **Emocionalização:** é a tendência de levar os pensamentos de acordo com os sentimentos, em suma, um raciocínio emocional. *P. ex.*: "Meu namorado curtiu a foto daquela menina de biquíni, deve estar querendo ela"; "Minha namorada curte todos os *posts* do *ex* dela, ainda deve estar apaixonada por ele".
* **Hipergeneralização:** os pensamentos são generalizantes, ou seja, tudo tem uma conotação universal. *P. ex.*: "Até hoje não consegui conhecer alguém legal no Facebook, porque ninguém presta"; "Todo mundo quer virar digital influencer no Instagram"; "Nunca consegui emprego no LinkedIn, ninguém vai"; "Quem discorda de mim merece ser bloqueado".
* **Rotulação:** consiste em rotular todas as situações que estão à sua volta, bem como as pessoas e a si próprio. *P. ex.*: "Quem discorda de mim é da esquerda/direita"; "Nunca consegui emprego no LinkedIn, sou um fracassado"; "Todos os homens são falsos"; "Todas as mulheres estão disponíveis".
* **Leitura Mental:** é "ler", mentalmente, o que os outros estão pensando, sem levar em consideração qualquer outra hipótese. Em geral, presume-se coisas negativas. *P. ex.*: "Ela não gosta de mim, pois não curtiu a minha publicação"; "Mandei um direct e até agora não me respondeu, ele não se importa comigo".
* **Personalização:** trata de interpretar os fatos como fosse responsável pelos acontecimentos. *P. ex.*: "É culpa minha do meu amigo ter sido despedido com aqueles comentários que fez, deveria ter lhe avisado que não era legal publicar aquilo".

Assim, estas são algumas formas de distorções de pensamento reconhecidas pelos terapeutas cognitivos e que são tratadas em seus consultórios. Conforme já escrito antes, identificar as distorções ou as disfunções abre caminho para questionar e refletir se os pensamentos possuem evidências de que estejam certos ou se são verdadeiros. É como na brincadeira do telefone sem fio: se você não questionar o resultado final, nunca saberá se a frase original foi distorcida ou não. Para finalizar, Robert Leahy sintetiza como lidar com as distorções cognitivas:

> Você pode contestar tais padrões negativos de pensamento com o uso de técnicas específicas que vou delinear a seguir. Essas técnicas podem incluir testar as previsões, observar as evidências a favor e contra a preocupação, considerar um conselho que daria a um amigo ou colocar as coisas em perspectiva. O principal é perceber que você pode estar usando as mesmas distorções cognitivas repetidamente.

"PENSAMENTOS" RIMA COM "SENTIMENTOS"

Tratamos anteriormente sobre as emoções e sentimentos. Agora, vamos reunir todos os ingredientes que você aprendeu até aqui e preparar o prato principal, que não é *sopa de letrinhas*, mas um banquete de *psicoeducação*! O psicólogo brasileiro Bernard Rangé e seus colegas no livro, cujo tema é justamente a psicoeducação na TCC, exaltam a sua importância como forma das pessoas a se tornarem seus próprios terapeutas ao aprenderem a:

- monitorar pensamentos automáticos; reconhecer a relação entre cognições, emoções e comportamentos; testar a validade dos pensamentos automáticos; e modificar pensamentos distorcidos para torná-los mais realistas; identificar e alterar crenças ou esquemas que predispõe o indivíduo a engajar-se em padrões distorcidos de avaliações.

Assim, por que *pensamento* rima com *sentimento* e, ao final, também com *comportamento*? Você poderia argumentar que também rima com *jumento*, pois "haveria certas pessoinhas que agem como tais...". Sem entrar nesse julgamento, o fato é que "a forma como as pessoas se sentem emocionalmente e a forma como se comportam estão associadas a como elas interpretam e pensam a respeito da situação", nos ensina Judith Beck. Você já brincou de deixar as peças de dominó de pé e depois empurrou uma para ver o efeito que ela faz em relação às demais enfileiradas? É disso que estamos tratando com esses fenômenos psicológicos.

O "efeito dominó", portanto, é aplicado ao modelo cognitivo quando as peças são representadas por pensamentos, sentimentos e comportamentos. Adaptando um exemplo da Judith Beck para ilustrar esse efeito, imagine ter postado uma foto da sua formatura na rede social, um momento tão especial para você, que deseja compartilhar essa alegria com os seus amigos. Porém, uma hora depois, não há nenhuma curtida ou comentário lhe dando parabéns. O *pensamento automático* toma a sua mente: "Ninguém se importa comigo". Então, esse pensamento leva a ficar triste (*emoção*) e a se refugiar para cama (*comportamento*).

A *rima* faz sentido porque são fenômenos que interagem entre si, mas são coisas diferentes. Conforme valida o exemplo, o pensamento criou o sentimento que, por sua vez, gerou o comportamento. É como afirma Robert Leahy, "muitas pessoas, de fato, se surpreendem ao saber que seus sentimentos são o resultado de como elas pensam sobre um evento e que, ao modificar sua interpretação, elas poderão ter sentimentos bem diferentes". O objetivo dos terapeutas cognitivos, recai na mudança dos pensamentos para gerar uma adaptação mais favorável nas emoções e no agir diante de situações do cotidiano.

Adaptamos o quadro do Robert Leahy para exemplificar como os pensamentos criam sentimentos quando se navega nas redes sociais.

Eu penso que...	...portanto, sinto...
não serei capaz de ter muitos seguidores.	ansiedade, impotência.
jamais irei me recuperar após ser cancelado.	desesperança.
estou "enlouquecendo" com tantas críticas.	assustado, em pânico.
ninguém percebe o que estou fazendo para ser diferente nas postagens.	solitário, rejeitado.
como podem me criticar que me exponho demais, vão cuidar da vida de vocês!	raiva, na defensiva.
já consegui dar a volta por cima da outra vez que fui cancelado e posso voltar a fazer novas postagens.	esperança, cheio de energia.
não preciso fazer postagens perfeitas.	aliviado, menos pressionado.
devo me dar o crédito por tentar fazer diferente.	orgulhoso, feliz.

Dessa maneira, você terá mais oportunidades de se conhecer e perceber como um pensamento tem o poder de repercutir nas emoções e, consequentemente, no comportamento. Os terapeutas indicam formulários para registrar os pensamentos e sentimentos entre as sessões com seus pacientes até para aprenderem a distingui-los, pois a confusão é comum com os conceitos. Há muitas técnicas também de como lidar com os pensamentos automáticos disfuncionais, mas não é o objetivo principal deste livro. Importa você saber que existe solução e os resultados são mais rápidos do que se possa imaginar no acompanhamento terapêutico sob a abordagem teórica da TCC.

AFINAL, QUEM MANDA, O PENSADOR OU O PENSAMENTO?

Então, você já sabe responder a esta pergunta? Seja qual for a sua resposta, a tendência é de acreditarmos que o controle dos pensamentos é nosso até se deparar com "onde estava com a cabeça?" ou "foi no calor do momento". Somos capazes de justificar nossos atos também pela influência dos outros ou de fatores que, supostamente, não teríamos controle, como uso excessivo de bebida alcoólica ou de drogas lícitas (ou não). "Perder a cabeça" diz muita coisa sobre a falta de domínio das próprias razões e emoções, como também das crenças distorcidas que alimentam, por sua vez, pensamentos disfuncionais e que levam a comportamentos condenáveis (por exemplo, "eu pensava que..." é a típica desculpa para um engano).

Os sentimentos também influenciam pensamentos e eles reagirão de acordo com as crenças de cada pessoa. Por exemplo, a tristeza diante de comentários negativos e difamatórios sofridos nas redes por qualquer causa que seja pode levar a pelo menos dois tipos de pensamentos distintos. Um, que aceita as lágrimas e o desconforto da emoção, mas pensa na superação com ajuda de amigos e familiares. E outro, que recusa a emoção, porque "chorar é para fracos" e tenta reprimi-la, lutando contra. Há dúvida de quem se utilizou de melhor estratégia?

O problema é que a força do pensamento é limitada e mesmo que se tente controlar as emoções, o corpo responde a elas sem a permissão da racionalização. É o nome que se dá às respostas psicossomáticas, ou seja, doenças emocionais. Dores de cabeça, alergias, imunidade baixa, falta de ar, diarreia, prisão de ventre, dores musculares, gastrites, azias etc. Sintomas que testes médicos não identificam qualquer causa fisiológica, pois ela é psicológica. É uma tentativa de fazer uma "represa pensante" das emoções, mas elas transbordam e causam danos físicos.

Outro problema é quando as pessoas passam a acreditar que seus pensamentos (ou de outros) são os fatos, portanto, a expressão da verdade. "Só porque você pensa que algo é verdade, isso não significa necessariamente que seja verdade. Posso pensar que sou uma zebra – mas meu pensamento não me transforma em uma zebra", adverte Leahy. Antes das redes sociais, a fofoca, as teorias de conspiração e os boatos minavam nossos pensamentos com falsas verdades. Hoje, as fakes news, as opiniões alheias aos fatos e à ciência dominam as timelines das redes. A força dos que "pensam iguais" e o contágio emocional podem arrastar usuários distraídos a fazerem coisas impensáveis, como *cancelar* alguém sem saber o motivo. A "verdade" saiu dos fatos para o que se pensa sobre eles.

Em 2016, a Universidade de Oxford escolheu, como vem sendo feito há anos, a "palavra do ano" no seu tradicional dicionário. A vencedora foi *pós-verdade* (*post-truth*). Traduzindo, significa "relacionar ou denotar circunstâncias nas quais fatos objetivos são menos influentes na formação da opinião pública do que apelos à emoção e à crença pessoal". Em outras palavras, a verdade está naquilo que se compartilha como sendo verdadeiro nas redes sociais e grupos de WhastApp, mesmo que seja baseado em opiniões e crenças que contradizem *fatos irrefutáveis*, como a Terra é "redonda". (Aliás, a verdade é que ela não é *redonda*, nem *plana*, mas *geoide*, ou seja, quase esférica.).

Somos *seres pensantes* e, por isso, julgados pelo pensamento – e a forma de exteriorizá-lo é o comportamento. Além de mágicos, ilusionistas, telepatas e boas ficções (vide a série literária *Mundo em caos*, escrita por Patrick Ness), "ler pensamentos" ainda é um recurso que está apenas na imaginação das pessoas, mas todo mundo gosta de adivinhar (e acreditar) no que os outros estão pensando e julgá-los por isso. Assim, torna fácil se justificar e condenar os outros, quando passamos a adivinhar o que pensava a pessoa, por exemplo, que numa festa em plena pandemia disse *"f*da-se a vida"* no seus *stories* no Instagram.

No entanto, lembre-se que as telas são mero palcos, onde o que vale é a atuação e performance. Portanto, na teoria, personagens e atores não se confundem. Mesmo que se possa especular que ambos sejam uma única *persona*, não há como garantir que um comportamento reprovável seja a expressão fidedigna de pensamentos ou crenças. Porém, gastamos menos energia cerebral ao rotular as coisas e as pessoas, e quando um jornalista faz uma piada racista, categorizamos ele como racista e, assim, restará cancelado.

Imagine pessoas afetadas com *coprolalia*, Síndrome de Tourette, *hemibalismo*, *sonambulismo*, tumor *glioblastoma*, síndrome da mão alheia e demência frontotemporal (DFT)? Você não precisa saber o que são, basta ter a ideia de que muitas pessoas se comportam sem estar no comando dos pensamentos por razões biológicas. Para o neurocientista David Eagleman, "muitos preferem acreditar que todos os adultos têm a mesma capacidade de tomar decisões sensatas. É uma boa ideia, mas equivocada". No Direito Penal é tratado como *inimputável* o indivíduo que comete um crime, ou seja, é isento de pena aquele "era, ao tempo da ação ou da omissão, inteiramente incapaz de entender o caráter ilícito do fato ou de determinar-se de acordo com esse entendimento" (artigo 26 do Código Penal).

Nos *tribunais* das redes sociais, porém, desconhece-se a *inimputabilidade*. Todos são julgados como iguais, "perfeitos" e donos do próprio *livre-arbítrio*, portanto, responsáveis por tudo o que manifestarem. Genética, perturbações mentais e comportamentais, anormalidades biológicas e ambiente de desenvolvimento não fazem parte do prejulgamento nem do processo de cancelamento. Assim, imaginar-se na cabeça de outra pessoa que agiu de forma que você reprova ("eu não teria feito isso") nunca contará toda a história dela nem as influências que a levaram a fazer o que fez.

Ao final, se tudo se tornar mesmo difícil de lidar, com as suas emoções e pensamentos – e, reciprocamente, com dos outros –, pode ser que a dica de Jaron Lanier, autor do livro *Dez argumentos para você deletar agora suas redes sociais,* sirva para você: "Se, ao participar de alguma plataforma on-line, você notar algo desagradável dentro de si mesmo, uma insegurança, uma sensação de baixa autoestima, uma ânsia de partir para o ataque, de bater em alguém, saia dessa plataforma. Simples."

06 COMPORTAMENTO, A VITRINE DA ALMA

"Não considere nenhuma prática como imutável. Mude e esteja pronto a mudar novamente. Não aceite verdade eterna. Experimente.".

(FRASE ATRIBUÍDA A B.F. SKINNER)

COMPORTAMENTO: FONTE PARA JULGAMENTO

Nos capítulos anteriores, abordamos a relação dos sentimentos ("*eu sinto*") e dos pensamentos ("*eu penso*") quando envolvidos diante de uma situação ou evento. Eles são partes integrantes do "modelo cognitivo" da TCC. Mas esse modelo somente estará completo com a interação do comportamento ("*eu faço*"). Pense em duas pessoas diante dos mesmos fatos – por exemplo, a descoberta de uma traição. Em comum, ambas as pessoas ficarão emocionalmente abaladas pela surpresa. Elas poderão pensar em agredir quem foi pego no flagra, mas só uma segue o pensamento e realmente agride. Afinal, quem será julgado: quem apenas pensou e sentiu ou quem seguiu com a agressão?

É, portanto, o comportamento que estará no "banco dos réus". As emoções exteriorizadas, do mesmo modo, podem ser julgadas, mas há uma diferença imensa entre quem está com muita raiva e fica paralisado e a pessoa que extravasa este sentimento agredindo ou destruindo o que tiver pela frente. Aos olhos da Justiça, ficar apenas com raiva não é crime nem gera qualquer indenização, ao contrário de quem agride e destrói bens alheios. Nas redes sociais, só observamos o comportamento dos usuários quando expressam suas emoções e opiniões através de fotos, vídeos e palavras. Também interpretamos muito o que "não foi dito" e rotulamos as pessoas com um mínimo de informação visual e auditiva.

Se alguém sempre publica fotos no próprio perfil com um copo de cerveja ou de qualquer outra bebida alcoólica na mão em festas, pode passar a imagem de um comportamento autodestrutivo, de uma pessoa irresponsável e que vive bêbada. Por outro lado, pode oferecer a leitura de alguém alegre e que sabe curtir os prazeres da vida. É evidente que tudo dependerá das crenças de quem observa, mas o julgamento está sobre o comportamento de quem é observado. Presumir também faz parte, ou seja, mesmo quando alguns seguram copos na imagem, parece que todos estão bebendo juntos. *Diga-me com quem andas e eu te direi quem tu és*, não é?

Há cerca de cem anos, a psicologia passou a focar as suas pesquisas no comportamento *observável*, pois seria a única forma de avaliar e mensurar algo cientificamente. Nasceria, então, o *behaviorismo* ("behavior" traduzido é *comportamento*). Burrhus Frederic Skinner, ou apenas B. F. Skinner, desenvolveu melhor essa perspectiva comportamental, deixando para trás a ideia de que o comportamento seria apenas uma ação isolada do indivíduo. Criou-se uma *ciência do comportamento*, resultado dos experimentos de Skinner e de sua filosofia, perpetuada pelos autodenominados *analistas comportamentais*.

Veja que a "caixa de Skinner" é muitas vezes comparada com as redes sociais. O que seria essa caixa, então? Pois bem, nos experimentos do cientista, ele colocava ratos dentro de gaiolas em formato de caixas e que continham uma pequena barra. Quando pressionada, liberava comida ou água. Sozinhos, aprendiam que, ao acionar o mecanismo, receberiam a recompensa e, em razão dela, reforçava-se o comportamento de pressionar a barra – e assim sucessivamente. Nessa perspectiva teórica:

> Nesse caso de comportamento operante, o que propicia a aprendizagem dos comportamentos é a ação do organismo sobre o meio e o efeito dela resultante – a satisfação de alguma necessidade, ou seja, a aprendizagem se dá na relação entre uma ação e seu efeito. [...] Entre as variáveis ambientais que controlam o comportamento humano, as consequências da resposta são as mais relevantes.

Nas redes sociais, as "barras" estão em todos os lugares e o ambiente modifica os comportamentos a todo momento por meio de recompensas (likes, emojis fofos, comentários positivos, novos amigos e seguidores, "recebidos"), e punições (ódio, xingamentos, exposição, unfollow, bloquear usuários, cyberbullying, cancelamento). Repetir padrões de digital influencers também é uma forma de mudança de comportamento e de adequação, cujo objetivo é alcançar popularidade, status e engajamento. Alguém já escreveu que "gente sem conteúdo procura conteúdo na vida dos outros" *é* como uma regra nas redes sociais.

O problema se torna mais sério quando as recompensas são aleatórias – no jargão da psicologia, *reforços intermitentes* –, justamente como acontece nas máquinas de caça-níquel e nas redes sociais. Em outras palavras, não sabemos quando ou quanto vamos ganhar nas máquinas, nem quantas *curtidas* ou novas amizades iremos despertar em nossos perfis, mas a expectativa vicia a jogatina e a navegação. A recompensa química tem nome: *dopamina*, o neurotransmissor vinculado ao prazer. O cérebro associa o comportamento à recompensa e "viramos, assim, ratos de laboratório, apertando a alavanca para ganhar comida", escreveu Catherine Price, jornalista científica. É uma estrada de duas mãos, causa e efeito.

De acordo com ela, o vício do uso do smartphone também se explica sob o mesmo argumento dos reforços intermitentes, como um "caça-níquel de bolso":

> A dopamina liberada faz com que associemos o ato de olhar o celular à recompensa. [...] Depois que essa relação é estabelecida, não importa se a recompensa vem apenas uma vez em meio a cinquenta tentativas. Graças à dopamina, o cérebro sempre se lembra dessa única vez.

Já Jaron Lanier, que chama as redes sociais de "impérios de modificação de comportamento", cita em seu livro o depoimento do primeiro presidente do Facebook, Sean Parker:

> Precisamos lhe dar uma pequena dose de dopamina de vez em quando, porque alguém deu like ou comentou em uma foto ou uma postagem, ou seja lá o que for (...) Isso é um circuito de feedback de validação social (...) exatamente o tipo de coisa que um hacker como eu inventaria, porque explora uma vulnerabilidade na psicologia humana.

Em suma, a "caixa de Skinner" nunca se tornou tão real nos dias de hoje e se ele estivesse vivo, certamente estaria realizado com a aplicação de suas teorias. Diga-se que até hoje o experimento é repetido nas faculdades de psicologia, grande parte de forma virtual, por meio de um software chamado de "Sniffy". Caso você não saiba, Mark Zuckerberg, fundador do Facebook, estudou psicologia e ciência da computação em Harvard. Apesar de não ter concluído os cursos, são duas áreas bem exploradas por ele nas suas redes sociais, o que inclui também o Instagram.

VITRINES SOCIAIS

Se você passar na frente de uma loja e enxergar apenas livros na vitrine, provavelmente irá supor que se trata de uma livraria, sem precisar olhar para o nome ou outro indicativo visual. Mas a vitrine é a loja? Claro que não, é apenas uma parte dela e que busca mostrar o que tem de melhor, um convite irresistível para que o consumidor conheça o restante. Não é coincidência que as promoções e ofertas preencham também esses espaços. As lojas virtuais seguem com a mesma dinâmica, e as páginas iniciais (ou *home*) representam as vitrines. Então, o comportamento é a pessoa?

Nas redes sociais, somos levados a crer que as postagens são sempre verdadeiras, apesar da "perfeição" da vida que as pessoas levam. A maioria tem o melhor emprego do mundo, a família mais feliz, os filhos mais bonitos e talentosos, mora num espaço invejável, viajou para lugares paradisíacos, tem o amor que pediu a Deus, as amizades mais duradoras e visita os restaurantes incríveis da cidade. Algumas dessas "vitrines" você já viu no Instagram, não é? O fato é que nos acostumamos com elas e passamos a enfeitar nossas vitrines do mesmo modo.

O ambiente interfere no comportamento, diriam os *analistas comportamentais* – e com razão. Vamos supor que você queira fazer um regime. No entanto, até o momento, não consegue viver sem pizzas congeladas, sorvete, refrigerantes, chocolate e massas. Pergunta-se: se você não tirar estes alimentos da sua cozinha, será possível criar novos hábitos saudáveis? Provavelmente não. Assim, se você não mudar o seu ambiente, só a força de vontade não será suficiente. Há uma frase que é atribuída a Charles Darwin, famoso evolucionista, que "não é o mais forte que sobrevive, nem o mais inteligente, mas o que melhor se adapta às mudanças".

Por incrível que possa parecer, somos mais realistas quando as emoções "negativas" estão dominando nossos sentimentos. Uma pessoa sem medo, destemida, tem mais chances de ignorar um perigo real do que alguém que respeita essa emoção. Não é por menos, que quando estamos de baixo-astral, temos um senso mais crítico do que de costume e as redes sociais parecem mais infantilizadas ou utópicas quanto à felicidade que expressam. Às vezes, a vontade é de jogar pedras nas vitrines sociais, porque sabemos que são ilusórias, servem apenas para arregimentar novos seguidores e vender a si mesmo como produtos.

Ainda sobre o ambiente, pense na Disneylândia. Você não precisa ter ido lá para saber que parece a "terra da fantasia". A fantasia não se refere apenas às atrações que oferece, mas ao sistema que beira à perfeição de uma cidade planejada que vivia na imaginação de seu criador, Walt Disney. É encantamento puro, onde o deslumbre é capaz de modificar o comportamento de quem visita. Assim, é comum os visitantes adultos lançarem mão de termos como "me transformei criança novamente" e desejarem voltar quantas vezes for possível. O Instagram não parece com o nosso parque de diversões privado, que carregamos conosco e está aberto 24 horas por dia? Tudo é cinematográfico, impressionante e bonito, mas se não é, os filtros servem para padronizar a beleza.

O fato é que as pessoas se comportam de forma parecida nesses ambientes, em mundos de *faz de conta,* deslumbradas com as possibilidades, mesmo que seja apenas por *pura diversão.* Transformam-se. Libertam-se. Há, porém, regras de convívio, mas os limites podem parecer não muito claros diante de tanta liberdade. Percebe-se que muitas pessoas acabam colocando todo o seu "estoque" particular na vitrine social, levando a uma exposição desnecessária e correndo riscos de afastar os outros. "Até mesmo a bondade, se em demasia, morre do próprio excesso", teria escrito William Shakespeare.

PERFIS CONECTADOS, VIDAS DESCONECTADAS

Nesta reflexão, importa destacar que estar conectado com pessoas distantes é estar praticamente desconectado com as pessoas a sua volta. Basta ir num restaurante ou numa balada para ver amigos e familiares mergulhados em suas telas, distantes da realidade que os cerca. Segundo o psicólogo Cristiano Nabuco de Abreu, "apesar de profundamente conectados, estamos vivendo uma nova forma de isolamento, o isolamento virtual". Sem dúvida alguma, as relações humanas estão se deteriorando cada vez mais, pois os valores morais e sociais estão passando por uma significativa transformação, ocasionando o distanciamento da realidade.

Tem sido grande o debate sobre as gerações de hoje, mais predispostas a viverem conectadas. Em 2011, já era notícia que as mães norte-americanas entregavam o celular para os seus bebês antes da própria chupeta quando eles choravam. Sobre as gerações, importa destacar a classificação mais comum para explicar, por exemplo, o comportamento diante do uso de eletrônicos, a começar pelos baby boomers (algo como "explosão de bebês") nascidos logo depois da Segunda Guerra Mundial [1939-1945], entre os anos de 1946 e 1964 e tiveram a televisão como referência tecnológica.

Seguiu-se então com a Geração X, nascidos até o final dos anos 1970, filhos da anterior, que teriam acesso aos primeiros computadores pessoais na década seguinte. A Geração Y (também conhecidos como Millennials em razão da última década do milênio) representa os nascidos entre 1980 até o meio da década de 1990, quando a Internet entra em cena. É mais inovadora e tecnológica do que as anteriores, mas corre mais riscos com o distanciamento da realidade. A Geração Z, por sua vez, é representada pelos nascidos até 2010 e está conectada à popularidade da internet e dos gadgets eletrônicos. Mas quem representa a "primeira geração digital" é a geração Alpha, nascidos na última década.

A partir disso, tornam-se mais claras as diferenças entre gerações e a sua relação com o mundo virtual, porque há pessoas que estão *submersas* na internet e outras apenas *navegam* na sua superfície. As redes conectaram e aproximaram uns aos outros, mas cada vez mais distantes de si próprios e de quem convive ao redor. Os filhos se espelham no comportamento dos seus pais *hiperconectados*, mesmo que a ordem seja para que não usem *tablets* quando fazem refeições ou que aproveitem para brincar fora das telas. Nehemias Bandeira e Carlos César Ronchi, autores de um livro sobre redes sociais, refletem neste sentido:

> *Feeds* e *timelines* tomaram de assalto o lugar das praças e parques. A cidade não acontece mais ao ar livre, mas nas teias das redes. O olhar que deambulava à solta pelas ruas, agora move-se freneticamente ao sabor das atualizações. O mundo pode ter se tornado uma aldeia, mas as relações se tornaram globais. Interage-se com muitas pessoas. Não se conhece ninguém.

A flexibilização dos valores nas redes acabou evidenciando que a cultura do cancelamento já faz parte da vida de todos. As pessoas julgam de forma feroz sem se importar com o contexto em que foi feita determinada publicação ou fala, pois se acham cada vez mais donas da verdade e buscam influenciar a opinião dos outros. O Tribunal da Internet não só julga, como está sempre com vagas abertas e sem necessidade de concurso público. O fato é que não inventaram ainda uma rede social que substitua o olhar, a empatia e o cuidado com as relações afetivas.

Cristiano Nabuco de Abreu apresenta uma pesquisa com 1.200 adultos e a relação deles com as redes sociais para responder à pergunta: *Por que algumas pessoas usam mais as redes sociais do que outras?* A conclusão é que as pessoas mais altruístas (mais empatia), humanitárias e com maior grau de manejo das suas emoções (inteligência emocional) apresentam menor atenção às redes sociais. O psicólogo resume que "quanto mais habilitados formos para interagir cara a cara com as pessoas e com nossas próprias emoções, menor será nossa necessidade de recorrer às plataformas digitais para socializar".

Não há dúvidas que a Internet tem um papel importante, quem sabe fundamental, para aqueles com dificuldades de se relacionar no mundo off-line. Os excluídos, os tímidos, as minorias, os "desajeitados sociais" e todos aqueles que não tinham voz, nem presença notada, ganharam um espaço para se expressar e se comunicar. Há um termo comportamental para isso, "o efeito da desinibição on-line". Até a concepção que se tinha dos *nerds*, sempre ridicularizados, mudou: hoje são respeitados, juntos com os geeks, que têm o seu próprio "Dia do Orgulho Geek", comemorado todo 25 de maio.

Porém, alguém com baixa autoestima pode se deparar com um universo narcisista, com pessoas falando sobre algo que elas próprias não fazem, e ultracompetitivo. A internet é, literalmente, uma selva com muitos caçadores e caçados. Um ambiente que lembra bem uma piada.

> Há dois homens na selva e, quando escutam um barulho, percebem que um leão está bem próximo. Um deles começa a colocar o tênis, enquanto o outro olha espantado para ele e diz: "Por que você está colocando o tênis? O leão corre mais do que você, que não vai conseguir fugir dele". Então, o outro responde: "Isso é verdade, mas preciso somente correr mais do que você!"

AUTOESTIMA E AUTOCONTROLE

"Autoestima & Autocontrole" poderia ser o nome de uma dupla de música sertaneja e o maior sucesso seria a canção "Quero meu valor de volta". A propósito, como está a sua autoestima? As redes sociais têm grande influência nela? A autoestima nada mais é do que pensamos e sentimos sobre nós mesmos. É ter consciência de seu valor pessoal, acreditar, respeitar e confiar em si. Trata-se de um sentimento de extrema importância para a conquista de vários objetivos na vida. Ela é construída a partir de crenças positivas que as pessoas têm sobre si mesmas, as quais geram sentimentos também positivos, promovendo um bem-estar significativo. Com a autoestima equilibrada, tudo tende a fluir com mais naturalidade e tranquilidade.

Por certo, a autoestima interfere no comportamento, pois ela tem o "poder" de fazer as pessoas acreditarem mais no próprio potencial. No entanto, como adverte Brené Brown, se você atrela a sua autoestima ao que as pessoas dizem a respeito do que você faz, realiza, produz, conquista e se comporta, "tudo que a vergonha precisa para sequestrar e controlar sua vida está justamente aí". Ao transferir a sua autoestima para o que pensam os outros, ficará totalmente refém deles. Ao contrário, "quando nossa autoestima não está em jogo, estamos muito mais dispostos a ser corajosos e a correr o risco de mostrar nossos dons e talentos", afirma Brown.

É possível aumentarmos a autoestima? Sim, a começar por uma avaliação dos objetivos pessoais e profissionais, seguido da valorização das qualidades próprias e do aumento dos sentimentos positivos em relação a si e ao mundo. A ausência de um bom sentimento de bem-estar e amor-próprio, realmente torna a realização de qualquer objetivo muito mais difícil. Autoconhecimento, autoconfiança e autoaceitação não são apenas *palavras bonitas* ou "coisa de coach", afinal, quem precisa acreditar em você antes de qualquer outra pessoa?

Roy F. Baumeister e John Tierney estudaram não só a *autoestima*, mas também o *autocontrole*, a qual conceituaram como a energia que usamos para mudar a nós mesmos, o nosso comportamento e a nossa tomada de decisão. Para validar esse conceito, os autores referem-se a uma pesquisa realizada com alunos para medir a força de vontade de cada um diante de uma situação específica. Essa pesquisa ocorreu da seguinte forma: os alunos, depois de um período de jejum, foram encaminhados para um lugar que tinha uma mesa com cookies, chocolate e rabanetes crus. Foram divididos em dois grupos: um poderia comer as guloseimas, e o outro, só os rabanetes.

Eles ficaram sozinhos na sala, enquanto os pesquisadores ficaram observando-os de forma remota. Aqueles que tinham sidos sorteados para comerem os rabanetes lutaram contra o desejo de comer os cookies e os chocolates; no máximo, cheiraram. Ao relutarem muito, demostraram um forte autocontrole e força de vontade. É possível isso ser exercido pelas pessoas? Com certeza, desde que haja um grande esforço, o que consome energia vital de forma considerável. O experimento continuou numa outra sala, onde tinham que montar um quebra-cabeça complexo. Aqueles que precisaram resistir aos *cookies* e ao chocolate tiveram grande dificuldade na tarefa, pois tinham menos energia em razão do esforço mental dispendido anteriormente.

A conclusão que se tira é que o autocontrole é limitado à energia carregada diariamente. Basta lembrar como você se comporta quando está com muita fome, porque o *delivery* já está atrasado há mais de uma hora ou a fila de espera num restaurante não diminui. O "pensar com o estômago" é, portanto, um enorme risco para todos. Num estudo sobre julgamentos, pesquisadores observaram que os juízes, quando se alimentavam logo no início das sessões, eram mais benevolentes, decidindo mais a favor dos réus. Porém, quando o tempo passava, o cansaço e a fome estimulavam a sentenças desfavoráveis.

Agora imagine-se diante das redes sociais. Você já reparou que interage de forma própria em momentos distintos do dia? Pela manhã é de um jeito, à tarde é de outro e à noite, bem diferente? Com tantas variáveis, o comportamento é único? É de esperar que as outras pessoas tenham o mesmo comportamento durante o dia ou numa semana? Ademais, será que vale a pena gastar tanta *energia* nas redes sociais? Entrar em discussões intermináveis, falar mal de todos e de tudo, fiscalizar o que os outros fazem ou deixam de fazer, sofrer com a crítica desconstrutiva e destrutiva, agir conforme o que as pessoas esperam ou criar expectativas exageradas do que publica?

Lembre-se que o cérebro adulto representa cerca de 2% do peso corporal, mas consome por volta de 20% de energia. Diante dessas colocações, não é difícil concluir que a nossa energia é muito importante para o autocontrole e a tomada de decisões, e que deveríamos utilizá-la naquilo que realmente faz sentido. É preciso refletir sobre as distrações que possam sugar a sua força de vontade, porque a exaustão faz o autocontrole ficar à mercê de qualquer incômodo, com forte repercussão emocional e que pode levar a atrasar as realizações, deixando para amanhã o que deveria ser feito hoje.

DISTRAÇÃO E PROCRASTINAÇÃO

Quando as redes sociais surgiram, principalmente com o sucesso do Orkut, tínhamos como um espaço de distração. Participar das "comunidades" era divertido, um legítimo passatempo. Algumas fizeram muito sucesso, como "Eu Odeio Acordar Cedo", "Tocava Campainha e Corria" e "Eu Abro a Geladeira para Pensar". Enxergávamos aquela interação virtual com inocência, comparando com o que vivemos atualmente no Twitter e afins. A distração se tornou devoção e as prioridades reais passaram a sofrer interferência das posterioridades virtuais. É quando a *procrastinação* começou a se tornar uma palavra comum nesta década.

Aliás, você sabe o que é procrastinação? É um comportamento de adiar tarefas. Popularmente, é "deixar para amanhã o que poderia ser feito hoje" ou "empurrar com a barriga". Não é raro encontrar a procrastinação na dieta, nos exercícios físicos, nos estudos, no trabalho e nas tarefas domésticas. Basta encontrar um mínimo obstáculo para aquilo que não deseja fazer para criar o hábito de procrastinar. Por exemplo: "Perdi a primeira aula na academia na segunda-feira, porque estava chovendo, então deixo para o início da próxima semana". O que falar das promessas de final de ano?

A questão é que a *arte* de procrastinar acaba se tornando num grande empecilho para o autocontrole da situação e assim a distração rouba o foco no presente. No meio de um compromisso, pensa "eu vou dar só uma espiada no Facebook" e, quando percebe, uma hora já se passou. Quem nunca? O ciclo da procrastinação ganhou força com o trabalho em home office, onde as tarefas são geralmente interrompidas por checar os grupos de WhatsApp, as redes sociais, vídeos no Youtube, ler as mesmas notícias em diversos canais ".com", navegar em lojas virtuais e procurar e-mails na caixa de *spam* para ter certeza que não foram por engano.

O hábito de procrastinar transforma-se em um destruidor de sonhos, desejos e conquistas. Muitos acabam rotulando o procrastinador como uma pessoa que não tem força de vontade, que é preguiçosa, não sabe gerenciar bem o próprio tempo, desorganizada ou por sempre "gostar" de deixar as coisas para fazer até a última hora. No entanto, a procrastinação pode estar envolvida com um estilo de vida desadaptativo que se reflete no uso abusivo das redes sociais como uma forma escapista de viver diante de uma aparente liberdade que é vendida pelo mundo virtual. "Lá tudo eu posso", pensam muitos.

Ao se questionar por que tanto tempo é gasto navegando de forma aleatória na internet, é provável que desperte um incômodo como colocar o "dedo na ferida" e traga um sentimento de culpa e de vazio. Pior fica quando usamos as redes como arenas onde somos gladiadores e o único objetivo é acabar com os oponentes, esperando o polegar dos espectadores ser virado para cima ou para baixo para cancelar todos os que "merecem". Saber que é possível deixar de lado um vício é um passo importante para colocar as mãos na direção da própria vida. Sabemos que deixar de procrastinar não é uma tarefa tão simples, mas a boa notícia é que muitas pessoas conseguiram. Por que com você seria diferente?

O PODER DO HÁBITO

O poder do hábito é o título do best-seller de Charles Duhigg e busca desvendar o *por que fazemos o que fazemos*. Pense por instante em quais hábitos você gostaria de deixar de lado. Pronto. Por que você ainda não conseguiu largá-los? Claro, não é fácil, caso contrário, nem precisaria escrever um livro a respeito deste assunto, muito menos seria campeão de vendas. De acordo com Duhigg, os hábitos "surgem porque o cérebro está o tempo todo procurando maneiras de poupar esforço" e quando ele acha, transformará toda rotina num padrão. Tem gente que não entra mais no banheiro sem o *smartphone* ou não deixa de consultar as redes sociais logo ao acordar e antes de fechar os olhos para dormir.

De fato, passar a entender o processo como se forma um hábito já é um avanço notável, por isso, a pesquisa de Duhigg apresenta uma explicação convincente de como funciona. Segundo ele, entendê-lo já torna mais fácil a tarefa de controlar os hábitos, pois o cérebro não sabe distinguir se eles são bons ou ruins. Ficar no sofá dando likes ou correndo na esteira não faz diferença, pois o que importa é a rotina. Assim:

Esse processo dentro dos nossos cérebros é loop de três estágios. Primeiro há uma 'deixa', um estímulo que manda seu cérebro entrar em modo automático, e indica qual hábito ele deve usar. Depois há a 'rotina', que pode ser física, mental ou emocional. Finalmente, há uma 'recompensa', que ajuda seu cérebro a saber se vale a pena memorizar este loop específico para o futuro.

Esse processo explica praticamente qualquer vício. Um fumante que enxerga uma carteira de cigarro (a *deixa*), já passa a esperar a dose de nicotina (*recompensa*) e, então, pega o cigarro e fuma (*rotina*). Agora pense no seu lindo e caro *smartphone* num momento de descanso (*deixa*), logo estará na expectativa de coisas boas que a leitura ou interação podem oferecer (*recompensa*) e, em segundos, a Caixinha de Pandora estará nas suas mãos para ser acariciada (*rotina*). O tédio é um sentimento que está em extinção, pois no bolso ou na bolsa há um mundo de entretenimento num aparelho que pesa menos de 200 gramas.

Duhigg afirma que se aprendermos a observar as *deixas* e as *recompensas* é possível mudar as *rotinas*. Essa seria a "regra de ouro" para mudança de hábito. Vamos imaginar que você não tem tempo para estudar ou fazer leituras. Encarando a deixa de um momento de descanso ou de tédio, você pode pegar um livro em vez do celular, e aproveitar as recompensas de uma boa leitura, como o conhecimento adquirido e o prazer do aprendizado. Para o autor, "se você usa a mesma deixa, e fornece a mesma recompensa, pode trocar a rotina e alterar o hábito. Quase todo comportamento pode ser transformado se a deixa e a recompensa continuarem as mesmas".

Mesmo diante das redes sociais, é possível mudar o hábito de enxergá-las como arenas de gladiadores e passar a considerar que não é necessário destruir os outros para alcançar uma recompensa. Há sentimentos como o perdão, a gratidão, a empatia e o altruísmo que envolvem um retorno muito melhor, não só para si, mas aos olhos das pessoas, pois são valores caros, além de raros num ambiente autodestrutivo. Ademais, pesquisas recentes mostram que praticá-los faz bem para saúde e para alma.

Melhor recompensa, com certeza, não há.

QUESTIONAMENTO SOCRÁTICO

Sócrates, o filósofo grego, não o jogador de futebol, viveu quatro séculos antes de Cristo, e é considerado por muitos como o fundador da *filosofia ocidental*, apesar de não ter escrito nem criado qualquer teoria. Graças a Platão, também filósofo e seu aprendiz, que escreveu a respeito do mestre, é que sabemos sobre o método dialético ou questionamento socrático. Trata de um diálogo ou um caminho de ideias opostas a partir de perguntas para extrair insights. Sócrates assumia uma posição neutra, de quem não sabia nada para conduzir o diálogo. É dele a famosa frase *"só sei que nada sei"*.

Esse método é bastante utilizado como ferramenta na terapia cognitiva-comportamental, tendo em vista que guia a pessoa a fazer descobertas por sua própria conta por meio de insights sobre pensamentos, crenças, emoções e comportamentos. No processo de coaching, é conhecido também como "perguntas poderosas", visto que "mais do que instruções ou conselhos, as perguntas são a melhor maneira de gerar a consciência e a responsabilidade" escreveu John Whitmore, pioneiro na metodologia. Portanto, as perguntas a seguir têm o objetivo de despertar a reflexão e abrir caminhos para mudança de comportamentos.

- Você já negou atenção de alguém que está ao seu lado, em razão dos olhos estarem na tela do smartphone?
- Você pensa no que vai publicar antes da postagem?
- As redes sociais estão fazendo parte da sua vida, a ponto de perder a noção do tempo?
- Você percebe uma mudança de humor quando está navegando nas redes?
- Seus sentimentos são mais positivos ou negativos quando está no Facebook, Instagram e no Twitter?
- Sua vida é um livro aberto e público nas redes?
- Diante de algo que desaprova, você deixa passar ou critica um *post* ou uma foto?
- Quais amigos das redes sociais você realmente conhece ou confia?
- Mesmo que seja apenas uma "pontinha", você sente inveja de alguém que publica fotos de lugares que sonha conhecer e de bens que gostaria de ter?

- Será que a felicidade e a perfeição se tornaram um padrão nas redes sociais?
- As pessoas que erram merecem ser punidas nas redes sociais?
- Julgar, expor, cancelar ou linchar alguém virtualmente é a melhor forma de fazer "justiça"?
- Se a pessoa que errou fosse um familiar muito próximo ou alguém que você ama, concordaria com o cancelamento?
- Você acredita que uma pessoa que erra merece uma segunda chance?
- Quando você erra, você espera uma segunda chance?
- Seu comportamento, em geral, é levado mais pelos sentimentos ou pensamentos?
- Estar sob permanente julgamento nas redes sociais lhe faz bem?
- Estar permanente julgando os outros lhe faz bem?
- Você gostaria que as redes sociais fossem ambientes menos agressivos e tóxicos, sem "tribunais" populares e que cada um cuidasse da própria vida?
- É possível mudar as redes sociais para o que você gostaria que fossem?
- É mais fácil mudar as redes ou o modo como você lida com elas?
- Vamos cancelar a cultura do cancelamento?

07 ANTES DE TERMINAR

"Quanto mais perfeito parecer por fora, mais demônios tem por dentro."

(FRASE ATRIBUÍDA A SIGMUND FREUD)

QUEM SOU EU PARA JULGAR?

Aprendemos, logo nos primeiros dias na graduação em Psicologia, que o psicólogo não deve julgar seu paciente ou cliente por questões morais preestabelecidas ou ideologias que carrega consigo. Contardo Calligaris, famoso psicanalista e escritor, no seu livro *Cartas a um jovem terapeuta*, deixa claro ao aconselhar os futuros terapeutas que é ótimo ter convicções, mas se elas "acarretam aprovação ou desaprovação morais preconcebidas das condutas humanas, sua chance de ser um bom psicoterapeuta é muito reduzida, para não dizer nula".

Ele completa, afirmando que "para o terapeuta, o bem e o mal de uma vida não se decidem a partir de princípios preestabelecidos; eles se decidem na complexidade da própria vida da qual se trata". Veja que a Psicologia é a ciência que acolheu e mantém acolhendo todos aqueles que são rejeitados pela sociedade, não importando o motivo. Não há erro que não possa enxergar alguma clareza a respeito. Há outra ciência especializada em julgar, o Direito. No entanto, ele envolve um complexo sistema de julgamento, com provas, argumentos, contra-argumentos, princípios e leis para que não se cometa injustiças e, mesmo assim, eles ocorrem.

Para garantir que o processo traga justiça aos fatos, há diversos princípios que servem para alcançar o que o Direito se propõe. Dois deles estão consagrados na Constituição Federal, quando prescreve que "aos acusados em geral são assegurados o contraditório e ampla defesa, com os meios e recursos a ela inerentes". O princípio do *contraditório* permite que o réu fique sabendo que está sendo processado, os motivos e que possa reagir antes da sentença. Já a *ampla defesa* permite que o réu possa usar todos os meios e recursos legais para se defender. O "processo de cancelamento" pelos tribunais sociais ocorre sem que o réu saiba o que está acontecendo, nem possa se defender a tempo ou de forma justa. Ele é só avisado da punição, ou seja, tarde demais.

Veja que a dignidade da pessoa humana é um dos fundamentos consagrados em nossa Constituição, inclusive está no primeiro artigo dela. Porém, há quem defenda o seu "direito" de *cancelar* os outros, porque a mesma Lei Maior garante a livre manifestação do pensamento. No entanto, toda liberdade tem limites. Sabemos disso desde que nascemos, caso contrário, viveríamos no meio do caos. Quem nunca ouviu que o "seu direito termina onde começa o dos outros"? E se você já assistiu à série *The Walking Dead*, tem uma boa ideia do que é um mundo caótico. Se o *cancelamento* tem o objetivo de acabar com algo ou alguém, o primeiro valor a ser destruído – e sem perdão – é a dignidade do *cancelado*.

Quem sou eu para julgar? é o título de um livro que reúne fragmentos de textos do Papa Francisco, líder da Igreja Católica Apostólica Romana. Desconhecemos se há alguma religião que não pregue o perdão, especialmente as cristãs. Todas aquelas que acreditam em Jesus como Filho de Deus, que seguem o Novo Testamento, deveriam acolher todos os pecadores. Numa passagem muito conhecida, Jesus, reunido com seus apóstolos e diante de uma multidão, Lhes disse: "Não julguem, e vocês não serão julgados. Não condenem, e não serão condenados. Perdoem, e serão perdoados" (Lucas 6:37).

Destaca-se ainda a passagem quando Jesus esteve no templo e os fariseus lhe trouxeram uma mulher que fora surpreendida em adultério. Disseram-lhe que pela lei, ela deveria ser apedrejada e perguntaram a Ele o que faria. Então Jesus disse: "Se algum de vocês estiver sem pecado, seja o primeiro a atirar pedra nela" (João 8:7). Todos saíram, restando apenas Ele e a mulher, que a questiona se alguém tinha lhe condenado. Como ninguém lhe condenou, Ele diz: "Eu também não a condeno. Agora vá e abandone sua vida de pecado" (João 8:11).

No livro citado, Papa Francisco afirma que se "deve julgar o pecado e não o pecador", pois há o perigo de "presumirmos que somos justos e julgarmos os outros. Julgamos até Deus, porque pensamos que Ele deveria castigar os pecadores, condená-los à morte, em vez de perdoar." Complementa:

> Julgar os outros nos leva à hipocrisia. E Jesus define exatamente como 'hipócritas' aqueles que se dedicam a julgar. Porque a pessoa que julga erra, confunde-se e torna-se derrotada. [...] Esses homens o fazem depressa:

por isso quem julga erra, simplesmente porque assume um lugar que não é seu. E não apenas erra, mas se confunde, e está tão obcecado pelo que quer julgar, por aquela pessoa, que aquele cisco no olho do outro não o deixa dormir. [...] Além do mais, quem julga sempre acusa. No julgamento contra os outros há sempre uma acusação.

O filósofo e escritor brasileiro Luiz Felipe Pondé, no seu canal do Youtube, já tratou algumas vezes sobre a cultura do cancelamento. Segundo ele, é possível abordar por mais de um ângulo a temática. A respeito do primeiro, afirma que a cultura do cancelamento está enraizada na própria natureza humana, pois ao longo da história "o ser humano sempre gostou de lixar as pessoas", de jogar pedras nos outros, vide as execuções públicas no século XV. Era como um programa familiar de domingo, "as pessoas levavam os filhos para ficar xingando e cuspindo em cima da pessoa que seria executada". A razão disso é que as pessoas gostam de se sentirem "puras", como na situação da adúltera que seria apedrejada de acordo com a Bíblia.

O segundo e último ângulo é sobre as redes sociais, que seriam uma espécie de "terreno baldio onde se faz quase de tudo", um lugar propício para se vingar das outras pessoas por qualquer razão que seja, mesmo que para cancelar apenas por muita beleza de alguém ou uma frase que viraliza. Ele alerta que quando transformamos nossas vidas em "objeto de venda", pois as redes sociais são marketing digital, o risco é muito maior para ser alvo da cultura do cancelamento em razão da exposição, pois qualquer vacilo pode desencadeá-la. Por fim, para Pondé:

> A cultura do cancelamento é a transposição do gosto do linchamento para o âmbito das redes sociais e que traz também um elemento do linchamento que é a ideia de quem lincha, está lixando nem nome de uma boa causa, como uma emissão de um juízo moral. [...] Basicamente, não acredito na cultura do cancelamento como uma forma civilizadora de criticar preconceitos, seja o que for. Eu acho que quem a pratica, principalmente, é por que gosta de jogar pedras nos outros.

O psicanalista brasileiro Christian Dunker já tratou da cultura do cancelamento em inúmeros textos e entrevistas. Segundo ele, as pessoas tem um "prazer de cancelar" as outras. Esse prazer tem alguns componentes, e um deles é a ideia de punição, pois "punimos o outro porque ele fica muito parecido com a parte insuficiente de nós. A gente pune para criar um sentimento ilusório de purificação da alma. Não fui eu, foi ele, eu nunca faria isso, nem os meus, e por isso cancelo".

O espaço digital acaba sendo um local propício para cancelamentos. Nas palavras dele:

> O outro parece estar sempre disponível e sequioso para receber nosso clique, view, curtida ou comentário. Por isso, o cancelamento pode funcionar como um linchamento, ou seja, uma maneira de fazer justiça vingativa e narcísica com as próprias mãos (nesse caso, com os próprios dedos). Ele nos faz gozar com uma sensação de pureza e superioridade moral, que aplaca, ainda que provisoriamente, nosso sentimento de irrelevância —um efeito colateral inevitável do narcisismo digital.

CANCELANDO O CANCELAMENTO

A 92ª edição da entrega do Oscar, ocorrida em fevereiro de 2020, premiou como melhor ator o estadunidense Joaquin Phoenix, 45 anos, pela sua impressionante atuação como Coringa no filme homônimo. O seu discurso de agradecimento foi interrompido algumas vezes pelas palmas da plateia, pelo seu engajamento em relação a causas sensíveis, como desigualdade de gênero, racismo, direitos indígenas, direitos dos animais e direitos LGBT+. Ao final do seu discurso, ele disse.

> Eu fui canalha na minha vida, fui egoísta, fui cruel às vezes, difícil de trabalhar e ingrato, mas muitos de vocês nesta sala me deram uma segunda chance e eu acho que é quando estamos no nosso melhor, quando apoiamos uns aos outros, não quando cancelamos uns aos outros por erros passados, mas quando nos ajudamos a crescer, quando educamos uns aos outros, quando nos orientamos para a redenção. Esse é o melhor da humanidade.

A vida de Joaquin Phoenix provavelmente renderia um filme dramático pelos acontecimentos que marcaram a sua carreira até o maior prêmio que recebeu. Ele ainda é bastante lembrado por ser irmão do ator River Phoenix, que morreu de overdose aos 23 anos numa boate, quando estava em plena ascensão em Hollywood. Joaquin tinha 19 anos e estava com ele na fatídica noite e quem teria chamado a ambulância. Acabou se tornando alcóolatra como seu pai, viveu sua infância dentro de uma seita controversa e teve que esmolar para ajudar a família. A carreira também é marcada pelas reclamações de quem conviveu com ele nos bastidores dos seus filmes, por isso a gratidão no seu discurso àqueles que deram uma segunda chance.

Apesar da cultura do cancelamento não distinguir se a vítima é famosa, não há dúvidas que aqueles que estão na vitrine sofrem proporcionalmente com o tamanho dela. Antigamente, os programas e as revistas de fofocas tinham esse papel de mostrar a intimidade de quem acordava e dormia com o sucesso. Os *paparazzi* viviam à espreita daqueles que dariam uma ótima manchete. Essas mídias ainda têm a função de trazer os fatos e as fotos, mas quem ganhou o poder de julgar fomos nós, os vigilantes sociais.

No Brasil, o movimento contra a cultura do cancelamento também repercute no meio artístico e do entretenimento. Um exemplo é Fábio Porchat, ator, apresentador e produtor, uma figura pública que vive constantemente vigiado e sob ataques de internautas. Perguntado sobre o ódio na Internet, respondeu:

> Acho que o ser humano ainda é muito medieval. A gente gosta de ver as pessoas queimando na fogueira, o ser humano gosta de ver o outro sendo destruído um pouco. Acho que a gente ainda não entrou no século vinte e um, estamos com a cabeça no século dezenove. De querer cancelar, de raiva. Claro, tem a polarização política, e isso beneficia quem está do lado errado da coisa, além das fake News, algoritmos que alimentam isso. O ódio engaja. Mas por outro lado, acho que essa raiva toda as redes sociais dão a falsa sensação de que elas têm realmente voz. A verdade é que as pessoas não tem voz. Ninguém presta atenção no que a gente fala.

O apresentador Marcos Mion é outro exemplo. Reconhecido pelo seu trabalho na televisão brasileira, especialmente à frente do reality show *A Fazenda*, compartilha suas reflexões sobre temas contemporâneos no seu canal do Instagram. Ele gravou um vídeo para explicar a cultura do cancelamento. Destaca-se nas suas palavras:

> Que prazer é este das pessoas cancelarem alguém? [...] A pessoa, ao condenar o pecado da outra, por um breve e ilusório momento, sentir-se imune àquele mesmo pecado. Na real, sentir-se imune a qualquer pecado, como se acusasse um pecador, automaticamente, a pessoa ganhasse imunidade contra os seus próprios pecados, que agora com tanto barulho em cima de outra pessoa, irão ficar mais enterrados, escondidos, longe de serem descobertos, revelando que o próprio acusador também tem pecados e também é passível de cancelamento. [...] Para eu conseguir discriminar, expor, escrever uma hashtag sobre o assunto, mostrando para todos, mas principalmente, para mim mesmo, que estou condenando aquela pessoa ou situação, eu estou curado daquele pecado que estou condenando [e que] não me pertence e todos os outros pecados. Por que vou passar a integrar a casta de seres humanos que, real ou falsamente, acreditam que são comprometidos com a verdade e com o julgamento.

Em julho de 2020, 150 referências públicas assinaram uma carta aberta sobre "Justiça e Debate Aberto" divulgada na revista *Harper's*, uma das mais antigas publicações dos Estados Unidos em circulação. Escritores famosos como J.K. Rowling, Noam Chomsky, Malcolm Gladwell e Salman Rushdie são alguns nomes que deram prestígio ao texto. Na carta, há uma reflexão sobre a censura pública e a intolerância a pontos de vista opostos, bem como uma "moda" ou tendência a levar as pessoas à vergonha pública e ao ostracismo baseada numa moral que cega. Em razão disso:

> Editores são demitidos por publicar artigos controversos; livros são retirados por alegada falta de autenticidade; jornalistas estão proibidos de escrever sobre certos tópicos; professores são investigados por citar obras de literatura em sala de aula; um pesquisador é demitido por circular um estudo acadêmico revisado por pares; e os chefes das organizações são demitidos pelo que às vezes são apenas erros desajeitados.

O texto conclui com uma súplica, qual seja, a necessidade de "uma cultura que nos deixe espaço para experimentação, assumir riscos e até mesmo erros". Por outro lado, nas redes sociais percebe-se, de forma paradoxal, uma enxurrada de frases motivacionais que vendem a superação de erros e fracassos. No entanto, muitas vezes são os mesmos que estão dispostos a cancelar quem tropece nas próprias pernas. A ameaça permanente do cancelamento, torna o patrulhamento mais efetivo diante de qualquer manifestação fora do padrão.

O DILEMA DAS REDES

No segundo semestre de 2020, estreou na Netflix o documentário *O dilema das redes* [The Social Dilemma]. Segundo a sinopse oficial, "especialistas em tecnologia e profissionais da área fazem um alerta: as redes sociais podem ter um impacto devastador sobre a democracia e a humanidade". A repercussão foi gigantesca a ponto de crescer 250% nas pesquisas no Google termos que levassem a excluir o perfil, desativar notificações ou suspender temporariamente a conta tanto do Facebook de do Instagram. Além disso, essas redes foram a público com a publicação de comunicados com críticas ao documentário.

De fato, muitas questões levantadas não podem ficar imunes de reflexões. Uma delas é que as redes sociais são gratuitas, ao contrário da grande maioria de aplicativos ou serviços. Como é dito em certo momento no documentário: "se você não está pagando pelo produto, então você é o produto". Há até uma expressão para isso, "capitalismo de vigilância", pois os responsáveis pelas redes sabem mais de nós que nós mesmos. E isso vale mais do que podemos imaginar, pois não é coincidência que tais empresas estão sempre entre as mais ricas do planeta sem ter estoques de produtos ou indústrias produzindo conteúdo.

A saúde mental e o comportamento dos usuários também são temas levantados pelo filme. Em razão de usarem tecnologias persuasivas, como "marcar" perfis em postagens, avisos sonoros ou sinais de interação, feeds infinitos, o próprio "curtir", entre outros recursos, servem para estimular a atenção on-line e mais tempo conectados nas redes. Realmente, o ambiente social virtual tem potencial viciante! Não é por menos que "usuário" das redes é a mesma designação para viciados em drogas. Ademais, as pessoas cada vez mais reagem diante da percepção das outras, se irão gostar do ângulo da foto, do prato de comida compartilhado, da viagem e do local onde estão ou dos comentários que fazem, mesmo que sejam apenas emojis bonitinhos.

Dados são apresentados no documentário e um deles é particularmente impactante: o percentual de suicídios entre adolescentes e jovens nos Estados Unidos. Coincidência ou não, a partir da segunda década dos anos 2000, comparada com a anterior, os índices aumentaram em 70% para meninas entre 15 a 19 anos, e 151% entre 10 a 14 anos. Trata-se justamente da primeira geração conectada às redes sociais. Em pesquisas informais no Instagram, por meio dos nossos perfis, perguntamos se as redes sociais, em geral, eram positivas ou negativas (qual seria sua resposta?).

Na média, podemos considerar assim, houve empate técnico na soma total dos testes. Também perguntamos se as redes sociais deixavam as pessoas, em geral, mais tristes ou felizes [o que você diria?]. Pois então, a resposta vencedora, em todas as vezes que perguntamos, era de longe a seguinte: "tristes". Ou seja, podemos acreditar que as redes sejam positivas para nós, mas entendemos que as outras pessoas se tornam mais tristes com elas. De acordo com Jaron Lanier, cientista e escritor, citado no referido documentário:

Como encontrar felicidade sem uma autoestima autêntica? Como ser autêntico se tudo o que você lê, diz ou faz está alimentando uma máquina de julgamento? [...] A internet está cheia de opiniões sobre você — você mesmo — neste exato momento. Quantos amigos, quantos seguidores? Você é atraente? Quantos pontos você recebeu? Você obtem uma estrela dourada virtual ou talvez confetes virtuais de uma loja porque convenceu outros a usá-la?

Martha Medeiros, escritora e cronista famosa, ao comentar sobre as redes e a produção da Netflix, reforça essa impressão ao afirmar que:

não desgrudamos das redes por medo de perder alguma coisa, seja um convite, uma cantada, uma fofoca, um elogio, como se não pudéssemos ser alcançados de outra forma e dependêssemos de gigas para existir. [...] Perdemos a paz. Somos fisgados e manipulados de manhã, à tarde e à noite, freneticamente. Vídeos, fotos, memes, propaganda, todas essas postagens 'casuais' são programadas para atender a corporações que comandam o mundo através de nossas clicadas.

O problema é que as redes sociais são arquiteturas psicologicamente criadas para dar prazer instantâneo. O seu prato favorito, a despeito das calorias que têm, é um prazer menos perigoso do que seu login numa rede. Sabe-se que a *dopamina*, um neurotransmissor associado ao prazer ou à motivação, está vinculada à repetição de comportamentos, em razão das recompensas que se possa conseguir, como um rato que toca numa alavanca e recebe comida. A jornalista científica Catherine Price, em seu livro *Celular: como dar um tempo*, observa esse fenômeno com o vício do uso de eletrônicos.

Segundo a escritora, empresas são contratadas para elaborar "códigos de hackeamento cerebral" e para manipular a liberação de dopamina no uso de aplicativos. Ela afirma que o Instagram se utiliza de um "código que demora propositalmente para mostrar as curtidas novas, com o intuito de exibi-las todas juntas de uma só vez, no momento mais eficaz possível", ou seja, para "fazer você se sentir um pouco melhor". Tudo isso são "reforços positivos" para que a rede não seja abandonada por algo mais monótono, como sexo (alta carga irônica). Veja que pesquisas indicam que nos Estados Unidos, "quase um em cada dez adultos admite espiar o celular durante o sexo".

Ocorre que a ansiedade gerada por não estar interagindo nas redes ou acompanhando o que se passa no universo virtual é avassaladora, a ponto de ter um nome para isso, você lembra? "FoMO" ("Fear of Missing Out"). Como seres sociais, somos tentados a não estarmos sozinhos e as redes parecem confortar os solitários e os momentos de tédio. A facilidade de se arranjar "amigos" nesses espaços supera alguns medos difíceis de enfrentar na vida real, como a timidez e a rejeição social. Mesmo que se crie uma simulação de si próprio, como a sua "melhor versão", muito estimulada por *pseudomotivadores*, é possível que a farsa não pare em pé por algum tempo e a tristeza venha cobrar a conta com juros e correção monetária.

A animação *Emoji: O Filme* (2017), mesmo censura livre, escancara a situação. Em determinado momento, quando uma dupla de emojis atravessa os aplicativos instalados no celular onde vivem, em busca da salvação dos demais que correm grande perigo de serem apagados, um deles apresenta ao outro o Facebook. Brevemente, aquele que não conhece entra na rede social e logo sai rindo, dizendo: "todo mundo falando de si mesmo. O Alex [o garoto dono do celular] conhece tantas pessoas". O outro emoji, mais experiente, interrompe: "Mas as pessoas não conhecem ele. As pessoas o 'curtiram' e é isso que importa nesta vida: popularidade". Então, o novato responde que preferia um *amigo de verdade*, sendo interrompido de novo: "Amigo de verdade? Você precisa é de fãs! Eles é que te dão apoio, total e irrestrito. Desde que você esteja por cima".

Um dos livros mais críticos sobre o assunto, *Redes sociais: A doce tirania das vidas expostas*, os seus autores até concordam que as redes cumprem o propósito de ligar as pessoas. Todavia, para eles, não passam de uma redoma de um mundo de faz de conta, ilusório, de fantasia e que representa uma "grande usina de miragens". Um lugar onde "o que mais reverbera são os níveis de artificialidade e superficialidade que revelam o cibernarcisismo, o esnobismo e o 'eu' flanador". Reportam ainda que há uma "solidão interativa", pois sabemos que outros estão lá e isso nos oferece um senso de comunidade, mas não passa de um labirinto onde ninguém se encontra de verdade apesar do número de seguidores ou curtidas.

Ainda, de acordo com os autores, "a invisibilidade e o ostracismo do indivíduo são equivalentes à morte", pois as redes sociais representam um tablado para encenar a si e assistir às representações dos demais. Quem deseja subir no palco do seu próprio teatro sem um público para aplaudir? E quando é necessário enfrentar vaias por uma performance que não agradou alguns? Afirmam ao final que "a desorganização psicológica causada pelas 'redes sociais' transforma esse mundo em um cassino. [...] Sob este conceito, os indivíduos tornam-se jogadores em busca do reconhecimento, muito mais pelas aparências do que pelas qualidades".

Em 2012, o *Facebook* manipulou conscientemente a timeline de quase 700 mil usuários durante uma semana para um experimento social. A descoberta aconteceu apenas dois anos depois, quando foi publicado numa revista científica. O objetivo era observar a reação emocional dos usuários quanto ao conteúdo manipulado que oscilava entre positivo e negativo. Concluiu-se que o Facebook conseguia alterar o humor do seu público, pois quanto mais era exposto a notícias negativas, maior era a probabilidade de a reação seguir por esse caminho. Por outro lado, quanto mais alegre eram as notícias, mais positivas as postagens dos perfis.

O psicólogo Benjamin Hardy, autor de *A força de vontade não funciona,* explica que "você é quem é por causa do seu ambiente. Quer mudar? Então mude o seu ambiente. [...] Sua visão de mundo, suas crenças e seus valores não vieram de dentro de você, mas de fora". Assim, se em grande parte as redes sociais são ambientes tóxicos, inevitavelmente seremos contagiados. Porém, podemos indagar que sabemos "controlar" nossos espaços, mas será? Quem não luta contra a balança há anos e tem na sua geladeira exatamente os alimentos proibitivos, porque na sua casa residem pessoas que não vivem em constante dieta? Como usar menos as redes sociais se no smartphone tem todos os apps delas?

Algo como a *Porta dos Fundos* produz no seu canal do Youtube, a *Comic Relief*, uma grande instituição de caridade da Inglaterra, também trata do cotidiano de uma forma humorada em seus vídeos. E num deles, *Anti social: A modern dating horror story*, uma garota conhece o que achava ser o "homem perfeito" até descobrir que ele não tinha nenhuma rede social, um "perfeito pesadelo", segundo o narrador. A garota fica desesperada, porque não pode encontrar fotos da ex-namorada dele, nem o seu passado e sem ficar sabendo o que ele almoça nos dias, pois não terá fotos do prato que come, a não ser que pergunte pessoalmente. As amigas ficam preocupadas com a situação, pois se não pode marcá-lo numa foto, será que ele existe?

O ÓDIO ALIMENTA O ÓDIO E VICE-VERSA

Você já percebeu que o ato de destilar o ódio contra outras pessoas pode ser mais prejudicial para quem age do que para quem sofre com ele? Veja que antes de ser expressado, o ódio precisa consumir a energia vital da pessoa até transbordar para ser levado à consumação. Em outras palavras, o ódio é remoído primeiro para depois ser destilado. Se a vítima desdenha, pior fica para o odioso, pois ele vai precisar engolir mais ainda o ódio e, portanto, alimentar-se mais da sua energia, que poderia estar sendo canalizada para algo produtivo para si mesmo.

O ódio é um sentimento carregado de raiva e de outras emoções "negativas" dirigidas a alguém ou a algo. Porém, normalmente ele é mais exteriorizado de forma coletiva do que uma única pessoa em seu estado de fúria. Basta ligar a televisão num canal de notícias e perceber que as manifestações de quebra-quebra, destruição, saques e violência contra outras pessoas são realizadas coletivamente. É uma forma de validar a crença de que "se os outros estão fazendo, eu também posso". Além disso, estar numa multidão torna os atos individuais mais valiosos, como o valor de uma única peça de quebra-cabeça que é um se ela estiver perdida, e outro se ela estiver encaixada num todo.

Daniel Goleman explica em *Inteligência emocional* que as emoções são contagiosas, ou seja, passam de uma pessoa para outra. Basta observar as risadas de um bebê para sorrirmos, não é? Porém, "um aspecto negativo do contágio emocional ocorre quando somos afetados por um estado tóxico simplesmente por estarmos próximo da pessoa errada, na hora errada", diz o psicólogo. Assim, basta alguém jogar uma pedra numa vitrine para incentivar outros a fazerem o mesmo. As redes sociais são, por sua vez, lugares propícios para que o ódio transite livremente, contaminando desde desavisados inocentes até grupos que estão "de plantão" para o próximo linchamento público.

Em as *Redes sociais: A doce tirania das vidas expostas,* os autores afirmam que "nas redes só se toleram os iguais. Valoriza-se abertamente o pensamento plural, mas desde que seja hegemônico. Há pouco espaço para divergências em um mundo no qual a opinião ganha peso de sentença. 'Concorde ou deixe de me seguir' é o lema". Se fosse apenas "deixar de seguir"... O problema se torna grave quando mais gente manipula tantos outros a seguirem pelo caminho da agressão desmedida, da humilhação e da exposição. Para alguns, a "causa" pouco importa, desde que seus pecados não sejam aqueles que estão sendo julgados e se forem, nunca serão do mesmo tamanho dos outros.

Em maio de 2019, Facebook, Twitter, Google e Youtube assumiram um compromisso com governos de diversos países para "usar e desenvolver regras, algoritmos e intervenções diretas para reprimir uploads, promoção, amplificação e distribuição de extremismo violento em plataformas de redes sociais". A ideia central era a de limitar a disseminação do discurso de ódio. Porém, em julho de 2020, centenas de empresas se uniram contra o Facebook, justamente pelo ódio disseminado na referida rede social. Ao lançar a campanha "Stop Hate for Profit" [Pare o Ódio pelo Lucro], ameaçaram parar de investir em publicidade na rede. Segundo o site da campanha, o objetivo é que o Facebook "pare de valorizar os lucros ao invés do ódio, intolerância, racismo, antissemitismo e desinformação".

Em novembro de 2020, o Facebook divulgou que no 3º trimestre do ano identificou 22,1 milhões de conteúdos com discurso de ódio, 19,2 milhões de conteúdo violento, 12,4 milhões de peças de nudez infantil e exploração sexual, e 3,5 milhões de conteúdo de bullying e assédio. No mesmo período, o Instagram identificou 6,5 milhões de discurso de ódio, 4,1 milhões de conteúdo violento, 1 milhão de peças de nudez infantil e conteúdo de exploração sexual, e 2,6 milhões de conteúdo de intimidação e assédio.

De acordo com os cálculos matemáticos de um especialista consultado por Jon Ronson, diante do caso da mulher que foi *cancelada* quando estava indo viajar para África depois de uma piada racista, o Google teria recebido cerca de 120 mil dólares em receita de publicidade vinculada à pesquisa do nome dela no seu sistema de buscas. Segundo ele, "talvez o Google tenha ganhado mais, talvez menos. Mas uma coisa é certa: aqueles de nós que participaram de fato de sua destruição não ganharam nada". De acordo com um estudo publicado numa revista científica e divulgado pela BBC em setembro de 2019, os "brasileiros prestam mais atenção em notícias negativas" e, quando comparando com outros países, no Brasil fica mais evidente essa preferência. A conclusão se torna fácil, porque elas são tão presentes nas timelines e nos feeds.

Numa campanha contra a propagação do ódio nas redes sociais, em 2019, a *Sprite* colocou um hater argentino, sem ele saber, na frente de outras 100 pessoas que ele teria agredido pelo Twitter no ano anterior. Nas camisetas brancas das vítimas tinha uma frase em destaque atribuída a ele e que foi repetida individualmente, frente a frente ao agressor por elas. Após esse ato, elas se reúnem na volta dele e cantam o refrão de "All You Need is Love" dos Beatles e o abraçam, num gesto de perdão. A conta dele do Twitter foi suspensa.

CULTURA DA VERGONHA E DA HUMILHAÇÃO

Não necessariamente nos importamos com todos ou com tudo, pois seria até impossível acompanhar o volume de informações que a internet nos direciona. Quando passamos a nos interessar sobre determinada notícia, principalmente por ter acionado nossos sensores internos que indicam um desequilíbrio ou desconforto com ela, seguimos ao julgamento dos fatos e dos participantes. Dependendo das nossas crenças, teremos uma reação, proporcionalmente medida por elas. Porém, essa reação pode ganhar força e volume se ela se "conectar" com quem compartilha com os mesmos ideais. A partir desse ponto, as emoções passam a *ferver* por uma resposta ou atitude.

A questão é que essa resposta pode levar à exposição, humilhação, vergonha, difamação, calúnia, injúria e, por fim, a destruição do alvo da fúria. Como julgadores, somos muito "justos" com nossas emoções e pensamentos, mas imperfeitamente "injustos" com as dos outros. Além disso, somos *egoístas* com os nossos erros, porque dizem apenas a nós e a mais ninguém, mas quando são dos outros, queremos opinar, debater, julgar e não deixar que sejam esquecidos. Ademais, quando são nossos, por mais que sejam imensos, enxergamos de binóculos, à distância. Por outro lado, quando os erros são de outros, mesmo que pequeninos, preferimos olhar com uma lupa, ampliando a importância deles.

E quando não há erros, mas intolerância, impaciência, inveja e mera discriminação de quem observa e julga? Qual o problema de se "casar consigo mesma", como forma de celebrar o amor-próprio? Onde está o erro de quem pede em casamento a namorada pelas redes sociais? Por que se importar com o que um casal faz dentro da sua intimidade? São casos que as vítimas não suportaram a humilhação e tiraram a própria vida em plena juventude. É possível que a covardia já tenha sido esquecida por aqueles que de algum modo participaram compartilhando, comentando ou assistindo, mas não há dúvidas que as famílias das vítimas estejam enlutadas até hoje.

Se a palavra EMPATIA surgiu na sua mente em letras garrafais ou se lhe diz algo sobre tudo isso, parabéns, pois é justamente essa capacidade que anda em falta num mundo cada vez mais individualista e narcisista, preocupado com a busca da melhor selfie. O filósofo e escritor Roman Krznaric, autor de *O poder da empatia,* conceitua como "a arte de se colocar no lugar do outro por meio da imaginação, compreendendo seus sentimentos e perspectivas e usando essa compreensão para guiar as próprias ações". Ele deixa claro que não é a mesma coisa que "compaixão", porque nesse sentimento não há o objetivo de se colocar no lugar de outrem, nem representa "faça para os outros o que gostaria que eles fizessem para você", pois nesse caso não se respeita as diferenças entre os interesses.

Apesar de nascermos *empáticos*, segundo descobertas da neurociência, de sermos animais sociais, de acordo com a biologia evolucionista, e de demonstrarmos empatia ainda durante os primeiros passos, conforme pesquisas da psicologia, ela *atrofia* se não praticarmos. Portanto, é antes de tudo, um hábito. É claro que há pessoas que não têm qualquer empatia com o próximo e nunca terão: os *psicopatas*. Estudos indicam que há um déficit de empatia, cujos índices vem caindo nas últimas décadas. Por outro lado, há uma *epidemia* de narcisismo, levando-nos à individualidade extrema. Krznaric reforça o que já foi escrito antes:

> O Facebook pode ter atraído mais de um bilhão de usuários, mas não serviu para reverter o declínio empático, e talvez esteja até contribuindo para ele. As redes sociais são boas para disseminar informações, mas – pelo menos até agora – menos competentes em difundir empatia.

Christian Dunker, na obra *Reinvenção da intimidade,* prega que vivemos numa "cultura da indiferença", na qual há urgência no "exibicionismo pulsional", no prazer de *ver e ser visto.* As redes sociais e a vida digital acabam estimulando mais ainda uma "violência narcísica", através de uma competição por curtidas e reconhecimento para manter a "pirotécnica da felicidade". Em outros momentos, "a emergência do ódio como afeto social" como efeito colateral desta cultura da indiferença. Segundo o autor, sob influência de Freud:

> O amor não acaba quando odiamos o outro ou quando queremos fazer ao outro o que ele nos fez, mas quando nos tornamos indiferentes ao outro. Esse é o narcisismo de alta periculosidade, pois passa da docilidade à violência, baseado apenas na experiência de admitir ou negar a existência do outro.

O *oversharing*, como excesso de compartilhamento nas redes sociais, tem um custo muito grande para quem pratica: o risco de escrever, fazer ou falar uma besteira com repercussão negativa indesejada. Quem não lembra do cancelamento de pessoas que fizeram algum tipo de "brincadeira" sem imaginar as consequências que tiveram que assumir? Um pequeno deslize, um erro menor ou um mero equívoco são como fagulhas necessárias para explodir a reputação de qualquer pessoa, sempre sob o olhar vigilante e atento dos usuários das redes. Não há como negar, principalmente no Instagram e no Facebook, que o mundo gira sob o eixo da perfeição e, portanto, deslizes não são admissíveis e a pena é banimento.

De acordo com a escritora Brené Brown, temos a inclinação de querer "curar" os narcisistas e os que *querem se aparecer*, humilhando-o, colocando-os no "devido lugar", ou seja, abaixo de nós. Ocorre que todos estão dividindo o mesmo espaço na vitrine social com suas "melhores versões". Só no Instagram mais de 60 milhões de fotos são publicadas por dia, juntamente com outros 1,6 bilhões de curtidas diárias. De fato, segundo ela, o problema é que "não 'consertamos' o narcisismo de alguém colocando a pessoa no lugar dela e lembrando-a de suas imperfeições de sua mediocridade. A humilhação está mais para a causa desses comportamentos do que para a sua cura".

Monica Lewinsky, estadunidense e, atualmente, ativista contra assédio virtual, é considerada a primeira vítima de cyberbullying da história da internet. Aos 22 anos, manteve relações com seu chefe que era casado e presidente dos Estados Unidos, Bill Clinton. Já em novo emprego, Monica confidenciou o romance para sua amiga e colega de trabalho, que a gravou clandestinamente, repassando para autoridades e acabando na grande mídia no início do ano de 1998. A partir desse momento, sua vida foi exposta além das fronteiras do que era imaginável para os padrões jornalísticos na época. Numa palestra para o TED, "O preço da vergonha" [The price of shame], com mais de 11 milhões de visualizações no Youtube, ressalta:

> Não há um dia sequer em que eu não seja lembrada do meu erro e lamento, profundamente, esse erro. Em 1998, depois de estar envolvida num romance improvável, fiquei no centro de um turbilhão político, jurídico e midiático, como nunca visto antes. [...] A pressa do julgamento, ativada pela tecnologia, trouxe apedrejadores virtuais aos montes. [...] As fontes de notícias espalharam fotos minhas por toda parte para vender jornais, banners de publicidade online e para manter as pessoas ligadas na TV. [...]

> Fui rotulada como vadia, p*, vagabunda, prostituta, interesseira e claro, como 'aquela mulher'. Eu era vista por muitos, mas na verdade, conhecida por poucos. [...] Em 1998, perdi minha reputação e dignidade. Perdi quase tudo e quase perdi a minha vida.

Suas conversas, que foram gravadas pela sua amiga, reuniram cerca de 20 horas de conteúdo íntimo, acabaram sendo transcritas e reunidas num dossiê que se tornou público. Semanas depois, o próprio áudio das gravações vazou para imprensa que veiculou à exaustão na televisão e parte, na internet. Segundo ela, "a humilhação pública foi excruciante, a vida ficou quase insuportável". Lembra que a mãe dela a fazia tomar banho com a porta aberta com medo que ela se matasse. No mesmo vídeo, traz a conclusão de uma pesquisa que mostrou que a humilhação era uma emoção mais intensamente sentida do que a felicidade e a raiva.

Ressaltou ainda que "a crueldade com os outros não é novidade, mas online, a humilhação, tecnologicamente, melhorada, é amplificada, incontrolável e, permanentemente, acessível". Se antigamente a vergonha ficava restrita à família, escola ou até no bairro onde se morava, agora se estende à *comunidade on-line*, onde "milhões de pessoas, quase sempre anonimamente, podem apunhalá-lo com palavras" sem limite de engajamento para humilhação em praça pública. Muita gente está lucrando com isso, por meio de *cliques* em notícias e fofocas patrocinadas por publicidade, a ponto de emergir um novo mercado em que a "humilhação pública é um produto e a vergonha, uma indústria".

Diante desses fatos, "quanto mais saturamos nossa cultura com a vergonha pública, mais aceitável ela é, mais veremos comportamentos como o cyberbullying, o trolling, algumas formas de hacking e assédio on-line", numa espiral de decadência humana e de dessensibilização com os outros. Monica conclui que "precisamos retornar a um antigo valor de compaixão e empatia", já que na Internet há um déficit e uma crise desses valores. Foram esses valores, que partiram da sua família, amigos, profissionais e até de estranhos que salvaram sua vida. E deixa um recado pessoal antes de se despedir:

> Qualquer um que sofre de vergonha e humilhação pública precisa saber de uma coisa: você pode sobreviver a isso. Sei que é difícil. Talvez não seja indolor, rápido ou fácil, mas você pode insistir num final diferente para sua história. Tenha compaixão por você mesmo. Nós todos merecemos compaixão e viver num mundo mais compassivo, tanto online quanto off-line.

A PERFEIÇÃO PARA SER IMPERFEITO

Quando foi a última vez que você avaliou com "nota máxima" alguém ou algo? "Mas faltou sal na comida", "mas a entrega atrasou", "mas o motorista tinha mau hálito", "mas as toalhas não eram macias", "mas esqueceram de fazer o que eu pedi". São todas reclamações passíveis de acontecer e que podem frustrar não só quem fica insatisfeito com o serviço, como quem recebe a crítica por não atender às expectativas. Temos direito de reclamar? Com certeza, e é para isso que servem as avaliações de aplicativos e sites, o trabalho de críticos especializados, as resenhas e os canais próprios de atendimento ao consumidor.

Podemos exigir perfeição? Desde que saibamos o que seja perfeição e o que implica ser "perfeito". Veja que são diferentes as expectativas de quando esperamos "pelo melhor" de quando desejamos a "perfeição". Consequentemente, as reações diante de uma pizza que "poderia ser melhor" de uma pizza que "poderia ser perfeita" também são diferentes. É uma questão de tolerância e não de retórica. Basta dividir essa mesma pizza com outras pessoas. Há quem afirmará que é a *melhor* que comeu em muito tempo; outros reclamarão que tem muita cebola ou a massa poderia ter sido mais assada. Enfim, todos têm seus gostos particulares, por isso que o conceito de perfeição, quando julgamos, é sempre relativo quando há apenas *subjetividades* em jogo.

Considerando esses conceitos primários sobre avaliação, quando foi a última vez que você elogiou ou parabenizou alguém? Sem contar promoções, conquistas ou qualquer tipo de vitória pessoal, lembra de aplaudir com sinceridade outra pessoa por ela estar simplesmente empenhando-se nos estudos, no trabalho ou mesmo no papel de mãe, pai ou irmão/irmã? Por outro lado, quando foi a última vez que você desprezou alguém pelos comentários dela ou por um erro que ela tenha cometido? Se você é como nós, são reflexões difíceis de enfrentar e de lidar. A tendência é ter uma régua para medir o que os outros fazem, mas não é a mesma que usamos para nos medir.

A cultura do cancelamento é a *incultura* da tolerância, da empatia e da vulnerabilidade. Como a Brené Brown já explicou em seus livros e na palestra "The Call to Courage" disponível na Netflix, a vulnerabilidade trata dos riscos que assumimos e da exposição emocional quando exibimos, por exemplo, "nossa arte, nossos textos, nossas fotos, nossas ideias ao mundo, sem garantia de aceitação ou apreciação".

Segundo ela, "quando estamos vulneráveis é que nascem o amor, a aceitação, a alegria, a coragem, a empatia, a criatividade, a confiança e a autenticidade".

Vivemos sob medo de não sermos *perfeitos*, apesar de acreditarmos no discurso de que "ninguém é perfeito", especialmente nós. Por mais paradoxo que possa parecer, tem muita gente vendendo *receitas* da perfeição, procurando o *amor perfeito* e destruindo a sua própria história para alcançar uma *vida perfeita* que outros parecem já ter conquistado. O problema está na frustração implícita que traz toda jornada à "fonte da perfeição", uma lenda tão improvável como a *fonte da juventude* ou o *tesouro no final do arco-íris*. A situação se torna mais grave quando a decepção da imperfeição não faz vítima só quem estava na busca do que não existe, mas quando atinge aqueles em que o tempo foi professor na vida e já sabem lidar muito bem com o "bom o bastante".

Quem se decepciona com a falta de perfeição tem alta probabilidade de se tornar um "homem-bomba" ou "mulher-bomba", explodindo a reputação dos outros, levando-os juntos consigo ao "inferno" da realidade, mesmo que ela seja, inicialmente, virtual. Assim, não é mera coincidência que os alvos preferenciais são aquelas pessoas que levam uma vida desejável para grande maioria, porque parecem *perfeitas*, felizes demais para se alcançar. Porém, um pequeno deslize pode se tornar uma avalanche de condenação, pois é inadmissível que a perfeição tenha exceções. Ou é perfeito ou é como todos nós, mortais.

Lembre-se, o ódio é como um bumerangue: você pode jogar para bem longe, mas ele sempre volta. Hoje você pode desejar *cancelar* alguém, mas amanhã ou algum dia, nunca se sabe, quando a porta estiver entreaberta ou destrancada, o *cancelamento* estará lhe esbofeteando a face, pois ele não pede para entrar. O fato é que as nossas opiniões, conversas, fotos e muito menos os nossos erros estarão protegidos de um linchamento público diante da exposição deles. Viver essa insegurança diária, com a nossa individualidade ameaçada por um patrulhamento moralista e de desconhecidos, é o pior dos sentimentos.

É verdade que precisamos assumir responsabilidades e estarmos cientes que nossos atos podem ser julgados, mas quem tem a *espada* e a *balança* é a Themis, a deusa grega que representa a Justiça, e não o *passarinho azul*, o *efe minúsculo* e a *câmera fotográfica* que representam, respectivamente, os "tribunais" do Twitter, do Facebook e do Instagram. Ninguém está imune aos temporais que assombram nossas vidas, mas está na hora de oferecermos abrigo, quando estamos seguros, para quem precisa se proteger até desaparecer no horizonte. Somos todos vulneráveis, uns mais do que outros, por isso importa começar a aceitar a própria vulnerabilidade e deixar de lado o perfeccionismo como método de julgamento de tudo e de todos.

Como Brown lembra, "vulnerabilidade é a última coisa que quero sentir em mim, mas a primeira que procuro no outro". A cultura do cancelamento tem que acabar antes que faça mais vítimas, inclusive nossos amigos, familiares e amores. Quem somos *nós* para julgar os outros, se falhamos constantemente? Sejamos mais *generosos* em nossas avaliações. Sejamos mais *tolerantes* com os outros. Sejamos mais *gentis* em nossas atitudes. Sejamos mais *resilientes* ao lidar com as adversidades. Sejamos mais *positivos* em nossas vidas.

> "ERRAR É HUMANO, PERDOAR É DIVINO"
>
> *ALEXANDER POPE*

REFERÊNCIAS E SUGESTÕES PARA APROFUNDAR

CAPÍTULO 1

CANCELAR, ELIMINAR E RISCAR

https://emais.estadao.com.br/noticias/gente,blogueira-alinne-araujo-morre-apos-noivo-terminar-com-ela-na-vespera-do-casamento,70002924093

https://www.portaldoholanda.com.br/bizarro/astro-dos-games-e-encontrado-morto-horas-depois-de-pedir-namorada-e

https://www.techtudo.com.br/listas/2019/12/17-girias-que-surgiram-na-internet-nesta-decada.ghtml

https://www.macquariedictionary.com.au/resources/view/word/of/the/year/

https://www.merriam-webster.com/dictionary/cancel%20culture

https://vogue.globo.com/celebridade/noticia/2019/08/taylor-swift-fala-sobre-polemicas-sexismo-na-industria-do-entretenimento-e-briga-com-katy-perry.html

https://www.historiadomundo.com.br/grega/ostracismo-ateniense.htm

CAÇA ÀS BRUXAS

https://pt.wikipedia.org/wiki/Ca%C3%A7a_%C3%A0s_bruxas

KRAMER, Heinrich; SPRENGER, James. *Malleus Maleficarum:* O martelo das feiticeiras. 17.ed. Rio de Janeiro: Record/ Rosa dos Tempos, 2004.

HAWTHORNE, Nathaniel. *A letra escarlate.* São Paulo: Penguin Classics/ Companhia das Letras, 2010.

HOLIDAY, Ryan. *Acredite, estou mentindo:* confissões de um manipulador de mídia. São Paulo: Companhia Editora Nacional, 2012.

https://www.bbc.com/portuguese/noticias/2015/07/150722_linchamentos_jp_tg

JULGAMENTO *MIOJO*

https://www.conjur.com.br/2020-set-02/stf-poe-fim-processo-125-anos-iniciado-princesa-isabel

http://www.stj.jus.br/sites/portalp/Paginas/Comunicacao/Noticias/Principio-do-juiz-natural--uma-garantia-de-imparcialidade.aspx

AS REDES SOCIAIS

RECUERO, Raquel. *Redes sociais na internet*. Porto Alegre: Sulina, 2009.
https://www.bbc.com/portuguese/salasocial-47376081
https://www.techtudo.com.br/noticias/noticia/2013/10/second-life-conheca-os-motivos-da-queda-de-popularidade-do-simulador.html
https://epocanegocios.globo.com/Tecnologia/noticia/2019/09/brasil-e-2-em-ranking-de-paises-que-passam-mais-tempo-em-redes-sociais.html

EM JOGO, OS VALORES SOCIAIS

RECUERO, Raquel. *Redes sociais na internet*. Porto Alegre: Sulina, 2009.
BAUMAN, Zygmunt; LYON, David. *Vigilância líquida*. Rio de Janeiro: Zahar, 2014.
https://veja.abril.com.br/ciencia/quantos-amigos-voce-consegue-ter/

TERRA DE NINGUÉM

https://www.conjur.com.br/2013-dez-04/compartilhar-comentario-inveridico-ou-ofensivo-facebook-gera-dano-moral
https://www.camara.leg.br/noticias/510488-ccj-aumenta-pena-de-quem-incita-a-pratica-de-crimes-pela-internet/

AS VÍTIMAS DE CANCELAMENTO

https://veja.abril.com.br/edicoes-veja/2697/
https://g1.globo.com/mundo/noticia/2020/07/21/o-sinal-de-ok-que-levou-homem-a-perder-emprego-e-o-que-sua-historia-diz-sobre-a-cultura-do-cancelamento.ghtml
https://www.bbc.com/portuguese/internacional-53472767
https://g1.globo.com/pop-arte/noticia/2020/06/10/e-o-vento-levou-e-retirado-de-plataforma-de-streaming-apos-protestos-contra-o-racismo.ghtml
https://www.bbc.com/portuguese/internacional-53397813
https://economia.ig.com.br/mercados/2020-09-20/apos-polemica-magalu-diz-que-vai-manter-selecao-de-trainnes-apenas-para-negros.html

AFINAL, O QUE É CANCELAMENTO?

https://en.wikipedia.org/wiki/Online_shaming
https://www.dictionary.com/browse/cybermob
https://extra.globo.com/famosos/paula-toller-abre-jogo-sobre-maternidade-fim-do-kid-abelha-criticas-apanhei-muito-sou-cancelada-ha-decadas-rv1-1-24676463.html
https://dictionary.cambridge.org/pt/dicionario/ingles/cancel-culture

CAPÍTULO 2

LINCHADORES

https://veja.abril.com.br/especiais/linchamento-guaruja-fake-news-boato/
MARTINS, José de Souza. *Linchamentos:* a justiça popular no Brasil. São Paulo: Contexto, 2015.
https://www.theguardian.com/technology/2015/feb/21/internet-shaming-lindsey-stone-jon-ronson
https://extra.globo.com/esporte/seis-meses-apos-ato-racista-contra-aranha-torcedora-do-gremio-ate-se-disfarca-para-nao-ser-reconhecida-na-rua-15529966.html
https://www.hojeemdia.com.br/esportes/torcedora-do-gr%C3%AAmio-flagrada-insultando-racialmente-aranha-vive-no-anonimato-1.568526
https://brasil.elpais.com/brasil/2019/07/24/deportes/1563990196_696729.html

ENTRE O BEM E O MAL, SER OU NÃO SER?

https://www.instagram.com/p/B8eO7LzHyLR/?utm_source=ig_embed=loading
https://g1.globo.com/pop-arte/noticia/2021/02/02/por-que-bbb21-se-tornou-edicao-do-medo-de-cancelamento.ghtml
https://www.uol.com.br/splash/colunas/fefito/2021/02/01/a-tabela-de-cancelamento-bbb-21-quem-rodou-e-quem-se-recuperou.htm
https://g1.globo.com/pop-arte/noticia/2021/02/23/karol-conka-bate-recorde-de-rejeicao-do-bbb-com-9917percent-veja-lista-com-maiores-rejeicoes-do-programa.ghtml
https://tvefamosos.uol.com.br/noticias/redacao/2021/02/22/com-polemicas-no-bbb-21-karol-conka-acumula-problemas-fora-da-casa.htm

https://revistaquem.globo.com/Entretenimento/BBB/noticia/2021/02/bbb21-neymar-marilia-e-anitta-pedem-fim-de-linchamento-de-karol-conka.html

https://www.metropoles.com/colunas-blogs/leo-dias/hora-do-faro-jakelyne-sobre-falta-de-posicionamento-temia-ser-cancelada

SORRIA, VOCÊ ESTÁ SENDO VIGIADO

http://g1.globo.com/tecnologia/noticia/2014/06/justica-julga-valida-demissao-com-justa-causa-por-curtida-no-facebook.html

https://super.abril.com.br/sociedade/eua-vao-exigir-dados-de-redes-sociais-para-liberar-visto-mas-o-que-muda/

REDES OU PRISÕES SOCIAIS?

GOLEMAN, Daniel. *Inteligência emocional*. Rio de Janeiro: Objetiva, 2006.

ORWELL, George. *1984*. São Paulo: Companhia das Letras, 2009.

FOUCAULT, Michel. *Vigiar e Punir*. Nascimento da prisão. Petrópolis: Vozes, 2014.

FIGURA PÚBLICA

https://canaltech.com.br/produtos/brasil-ja-tem-mais-de-um-smartphone-ativo-por-habitante-112294/

BAUMAN, Zygmunt; LYON, David. *Vigilância líquida*. Rio de Janeiro: Zahar, 2014.

ATIVISMO SOCIAL

https://twitter.com/i/status/1189349299118727168

https://brasil.elpais.com/brasil/2017/12/08/tecnologia/1512753235_185478.html

https://revistaglamour.globo.com/Lifestyle/Must-Share/noticia/2017/12/ja-ouviu-falar-em-hashtivism-o-ativismo-das-redes-sociais.html

https://g1.globo.com/pop-arte/noticia/a-verdadeira-origem-da-hashtag-me-too-usada-no-twitter-por-mulheres-que-sofreram-violencia-sexual.ghtml

https://veja.abril.com.br/videos/veja-explica/voce-sabe-o-que-e-o-movimento-metoo-veja-explica/

GOLEMAN, Daniel. *Inteligência emocional*. Rio de Janeiro: Objetiva, 2006.

https://www.instagram.com/p/CG_AfAbFixB/?utm_source=ig_web_copy_link

https://claudia.abril.com.br/noticias/fred-elboni-autor-de-best-sellers-femininos-e-acusado-de-agressao/

https://www.instagram.com/tv/CG5pQ4jhHZf/?utm_source=ig_web_copy_link

https://www.instagram.com/p/CG_A6qRHA8t/?utm_source=ig_web_copy_link

https://www.bbc.com/news/entertainment-arts-55331063

O QUE OS OLHOS NÃO VEEM, O CORAÇÃO NÃO SENTE

https://www.publico.pt/2017/08/03/culturaipsilon/critica/matar-no-ecra-1780903
EAGLEMAN, David. *Incógnito* – As vidas secretas do
 cérebro. Rio de Janeiro: Rocco, 2012.
https://youtu.be/yg16u_bzjPE
CHAMAYOU, Grégoire. *Teoria do drone*. São Paulo: Cosac Naify, 2015.

JUSTICEIROS *AD AETERNUM*

https://www.opovo.com.br/noticias/brasil/2020/05/04/marina-ruy-
 barbosa-e--cancelada--devido-a-passado-do-tataravo.html
http://m.acervo.estadao.com.br/noticias/acervo,a-destruicao-
 dos-documentos-sobre-a-escravidao-,11840,0.htm
https://istoe.com.br/
 marina-ruy-barbosa-critica-cultura-do-cancelamento-ninguem-e-perfeito/
https://www.washingtonpost.com/nation/2019/09/25/
 carson-king-viral-busch-light-star-old-iowa-reporter-tweets/
https://revistaquem.globo.com/QUEM-News/noticia/2020/06/japinha-
 e-afastado-do-cpm-22-apos-ter-conversa-vazada.html
https://revistaquem.globo.com/QUEM-News/noticia/2020/08/
 cpm22-anuncia-saida-de-japinha.html

AFINAL, QUEM SÃO OS VIGILANTES SOCIAIS?

CASTELLS, Manuel. *A galáxia da internet*. Rio de Janeiro: Zahar, 2003.
https://www.terra.com.br/noticias/tecnologia/infograficos/tipos-da-internet/
ARANHA, Glaucio. *Flaming e cyberbullying*: o lado negro das novas
 mídias. Ciberlegenda, v. 30, n. 2, p. 122-133, 2014
https://www1.folha.uol.com.br/colunas/monicabergamo/2020/08/tenho-
 milhoes-de-vizinhos-fofoqueiros-diz-a-cantora-luisa-sonza.shtml
DUNKER, Christian. *Reinvenção da intimidade*: políticas do
 sofrimento cotidiano. São Paulo: Ubu Editora, 2017.

CAPÍTULO 3

O CANCELADO É SEMPRE O MORDOMO

BUDDHARAKKHITA, Acharya. *Dhammapada:* O caminho da sabedoria do Buddha. Disponível gratuitamente em: https://sumedharama.pt/Dhammapada%20de%20Buddharakkhita.pdf
https://en.wikipedia.org/wiki/Dog_poop_girl
https://canaltech.com.br/seguranca/o-que-e-doxxing-e-por-que-voce-deveria-se-importar-com-isso-72001/
https://brasil.elpais.com/brasil/2015/04/23/ciencia/1429788932_491782.html
https://www.theguardian.com/world/2010/sep/30/tyler-clementi-gay-student-suicide
https://pt.wikipedia.org/wiki/Atentado_%C3%A0_Maratona_de_Boston_de_2013
https://www.bostonmagazine.com/news/2013/11/04/woman-dressed-marathon-victim-halloween-gets-death-threats/
https://cenapop.uol.com.br/noticias/famosos/196009-rodrigo-faro-pergunta-audiencia-durante-homenagem-a-gugu-e-e-duramente-criticado-na-web.html
https://youtu.be/cmaol-ueDx4
https://www.cnnbrasil.com.br/business/2020/07/29/apos-anunciar-thammy-miranda-para-comercial-natura-e-alvo-de-boicote-entendahttps://economia.uol.com.br/cotacoes/noticias/redacao/2020/07/29/acoes-da-natura-disparam-673-e-registram-maior-alta-do-ibovespa.htm

HUMILHADOS

RONSON, Jon. *humilhado.* Como a era da internet mudou o julgamento público. Rio de Janeiro: Bestseller, 2016.
https://youtu.be/wAIP6fI0NAI

A VIDA IMITA A ARTE?

https://www.cnnbrasil.com.br/entretenimento/2020/07/04/livro-escrito-em-2013-ja-tratava-de-exposed-e-cancelamento-na-internet
LAUB, Michel. *O tribunal da quinta-feira.* São Paulo: Companhia das Letras, 2016.

BOICOTE À PLATAFORMA DE STREAMING

https://entretenimento.uol.com.br/noticias/redacao/2020/01/09/netflix-sobre-censura-ao-porta-dos-fundos-apoiamos-a-expressao-artistica.htm

https://rollingstone.uol.com.br/noticia/ataque-ao-porta-dos-fundos-polemicas-do-especial-de-natal-e-repercussao-internacional/

https://www.uol.com.br/splash/colunas/mauricio-stycer/2020/09/23/apos-polemica-do-jesus-gay-natal-do-porta-sera-teocracia-em-vertigem.htm

https://www.publico.pt/2020/09/11/culturaipsilon/noticia/milhares-pedem-boicote-netflix-distribuir-filme-mignonnes-1931191

https://www.uol.com.br/splash/noticias/2020/09/15/lindinhas-netflix-perde-assinantes-nos-eua-apos-filme-ser-criticado.htm

https://br.blastingnews.com/tv-famosos/2018/12/alvo-de-polemicas-serie-super-drags-e-cancelada-pela-netflix-002803093.html

ATOS, FATOS E GATOS

https://www.coventrytelegraph.net/news/coventry-news/coventry-cat-bin-woman-3048191

https://www.bbc.com/news/uk-england-coventry-warwickshire-11573883

https://www.instagram.com/p/CDCrzM5FbXh/?utm_source=ig_web_button_share_sheet

http://portalregional.jor.br/noticias/caso-alessah-influencer-digital-de-manhua%C3%A7u

https://www.instagram.com/tv/CEE3A3wngo0/?utm_source=ig_web_button_share_sheet

A JORNALISTA, O MÉDICO E O MONSTRO

MELLO, Patrícia Campos. *A máquina do ódio:* Notas de uma repórter sobre fake news e violência digital. São Paulo: Companhia das Letras, 2020.

https://pt.globalvoices.org/2017/11/30/treze-coisas-proibidas-ou-desencorajadas-no-tajiquistao/

https://www.migalhas.com.br/quentes/342543/bolsonaro-e-condenado-por-ofender-patricia-campos-mello

https://jovempan.com.br/noticias/brasil/trans-drauzio-varella-responde-assassinato-estupro-crianca.html

https://extra.globo.com/tv-e-lazer/drauzio-varella-comenta-abraco-em-transexual-no-fantastico-me-emocionou-24286580.html

STEVENSON, Robert Louis. *O médico e o monstro.* São Paulo: Penguin Classics/ Companhia das Letras, 2015.

https://twitter.com/drauziovarella/status/1236778361130758145/photo/1
https://youtu.be/68Ta3zyMk44

1 MILHÃO E 42 MIL REAIS

https://www.correiobraziliense.com.br/app/noticia/tecnologia/2019/03/15/interna_tecnologia,743335/entenda-a-polemica-de-bettina-a-jovem-milionario-que-virou-meme-nas-r.shtml

https://noticiasdatv.uol.com.br/noticia/celebridades/saiba-por-onde-anda-bettina-do-r-1-milhao-jovem-famosa-por-multiplicar-dinheiro-31979

https://youtu.be/0wN6_3VjOfk

https://vejasp.abril.com.br/blog/terraco-paulistano/primo-rico-imovel-divida/

https://forbes.com.br/colunas/2019/07/thiago-nigro-eu-so-tinha-22-anos-na-epoca-e-minha-condicao-financeira-era-diferente/

EFEITOS DA PANDEMIA

https://agenciabrasil.ebc.com.br/saude/noticia/2020-06/primeira-morte-por-covid-19-no-brasil-aconteceu-em-12-de-marco

https://pt.wikipedia.org/wiki/Cronologia_da_pandemia_de_COVID-19_no_Brasil

https://revistaquem.globo.com/QUEM-News/noticia/2020/04/gabriela-pugliesi-se-pronuncia-sobre-festa-eu-errei-e-ofensivo.html

https://revistaquem.globo.com/QUEM-News/noticia/2020/07/gabriela-pugliesi-e-acusada-de-produzir-video-de-desculpas-perde-seguidores-e-se-pronuncia.html

https://istoe.com.br/gabriela-pugliesi-volta-as-redes-sociais-e-faz-desabafo-perdi-quase-tudo/

https://economia.ig.com.br/2020-05-07/acusada-de-praticar-preco-abusivo-osklen-para-de-vender-mascaras-por-r147.html

https://www.cnnbrasil.com.br/business/2020/05/09/osklen-cancelada-como-empresas-devem-se-comunicar-na-pandemia

https://tvefamosos.uol.com.br/noticias/redacao/2020/06/08/thaila-ayala-lanca-marca-virus-2020-e-criticada-e-muda-nome.htm

https://g1.globo.com/rj/rio-de-janeiro/noticia/2020/07/06/mulher-flagrada-humilhando-fiscal-em-reportagem-do-fantastico-e-demitida.ghtml

https://g1.globo.com/rj/rio-de-janeiro/noticia/2020/07/07/o-que-eles-estao-passando-e-sofrendo-esta-muito-perigoso-diz-amigo-de-casal-que-discutiu-com-fiscal-na-barra.ghtml

https://youtu.be/a3DwQc9XiTo

https://www.metropoles.com/brasil/video-desembargador-humilha-guarda-apos-ser-multado-na-praia-analfabeto

https://www.istoedinheiro.com.br/tj-sp-formaliza-afastamento-de-desembargador-que-humilhou-guardas-em-santos/

https://noticias.uol.com.br/ultimas-noticias/agencia-estado/2020/07/23/arrependido-desembargador-flagrado-sem-mascara-pede-desculpas-ao-guarda.htm

https://g1.globo.com/mundo/noticia/2020/09/25/deputado-argentino-renuncia-apos-trocar-caricias-com-mulher-em-sessao-virtual-do-congresso.ghtml

QUEM CANTA, SEUS MALES ESPANTA

https://www.correiobraziliense.com.br/app/noticia/diversao-e-arte/2016/06/04/interna_diversao_arte,534959/cantor-mc-biel-e-denunciado-por-assedio-sexual-a-reporter.shtml

https://www.diariodepernambuco.com.br/noticia/viver/2016/07/na-primeira-entrevista-apos-assedio-de-biel-reporter-desabafa-sobre-d.html

https://youtu.be/tFZ0ce7CKfQ

http://g1.globo.com/sao-paulo/noticia/2016/10/biel-aceita-pagar-multa-de-r-4400-e-acao-por-injuria-jornalista-e-extinta.html

https://musica.uol.com.br/noticias/redacao/2016/08/04/apos-polemicas-biel-da-tempo-na-carreira.htm?cmpid=fb-uolnot

https://veja.abril.com.br/cultura/victor-empurra-a-mulher-em-imagem-de-camera-de-seguranca/

https://extra.globo.com/famosos/victor-da-dupla-victor-leo-afastado-do-the-voice-kids-20984649.html

https://veja.abril.com.br/cultura/festival-cancela-show-de-victor-e-leo-apos-reacoes-publicas/

https://veja.abril.com.br/cultura/advogado-de-victor-chaves-ele-tem-conviccao-da-inocencia/

https://vejasp.abril.com.br/blog/pop/victor-leo-desgaste-separacao/

https://www.correiobraziliense.com.br/app/noticia/brasil/2020/01/13/interna-brasil,820209/video-em-que-sertanejo-victor-chaves-agride-ex-mulher-e-divulgado.shtml

https://hugogloss.uol.com.br/famosos/baphos/tres-anos-apos-acusacoes-de-agressao-victor-chaves-quebra-silencio-fala-sobre-depressao-e-atual-relacao-com-ex-esposa-e-revela-alivio-com-fim-de-dupla-com-leo/

https://vejasp.abril.com.br/blog/pop/mc-gui-crianca-piada-disney/

https://vejasp.abril.com.br/blog/pop/mc-gui-crianca-disney-resposta/

https://www.boatos.org/entretenimento/jully-menina-video-mc-gui-disney-morreu.html

https://veja.abril.com.br/blog/virou-viral/mc-guime-e-mc-gui-disney-mentiras-e-videos-no-instagram/

https://istoe.com.br/fui-um-imbecil-diz-mc-gui-sobre-zoeira-com-menina-na-disney/

https://revistamarieclaire.globo.com/Comportamento/noticia/2020/08/mc-gui-pede-fim-do-cancelamento-e-recebe-chuva-de-criticas.html

https://gente.ig.com.br/fofocas-famosos/2020-10-07/mc-gui-ressurge-na-web-mas-nao-recebe-a-atencao-que-queria-flopado.html

https://g1.globo.com/ba/bahia/noticia/2020/04/02/apos-anunciar-live-leo-santana-e-criticado-e-pede-desculpas-posso-ter-me-expressado-de-forma-errada.ghtml

https://youtu.be/Zsro_M9q4Z8

https://entretenimento.r7.com/famosos-e-tv/anitta-e-cancelada-nas-redes-sociais-apos-briga-com-ludmilla-15062020

https://g1.globo.com/pop-arte/video/semana-pop-explica-treta-de-anitta-e-ludmilla-ponto-a-ponto-8638921.ghtml

O QUE ACONTECE EM HOLLYWOOD, NÃO FICA EM HOLLYWOOD

https://aventurasnahistoria.uol.com.br/noticias/reportagem/do-casamento-com-a-ex-enteada-a-escandalos-sexuais-o-lado-b-de-woody-allen.phtml

https://www.bbc.com/portuguese/geral-51553491

https://canaltech.com.br/cinema/times-up-hollywood-o-que-foi-157763/

https://g1.globo.com/pop-arte/noticia/a-vertiginosa-queda-de-kevin-spacey-de-grande-estrela-de-hollywood-a-assediador-sexual.ghtml

https://www.correiobraziliense.com.br/app/noticia/diversao-e-arte/2019/05/21/interna_diversao_arte,756210/filme-da-amazon-e-woody-allen-cancelado.shtml

https://g1.globo.com/pop-arte/noticia/2020/03/06/editora-cancela-lancamento-de-livro-de-woody-allen-apos-protestos.ghtml

https://www.cnnbrasil.com.br/entretenimento/2020/06/15/spike-lee-pede-desculpa-apos-defender-woody-allen

https://hugogloss.uol.com.br/famosos/mark-ruffalo-e-robert-downey-jr-saem-em-defesa-de-chris-pratt-apos-ator-ser-cancelado-na-web-estao-atirando-pedras-em-meu-irmao/

https://www.instagram.com/p/CGlMURZlYWZ/?utm_source=ig_web_copy_link

CAPÍTULO 4

SUA HORA VAI CHEGAR!

https://gq.globo.com/Prazeres/noticia/2020/04/o-que-acontece-depois-do-cancelamento-cancelados-e-analistas-discutem-o-fenomeno.html

https://exame.com/ciencia/brasil-e-o-pais-mais-ansioso-do-mundo-segundo-a-oms/

EMOCIONO, LOGO EXISTO

DAMÁSIO, António. *O erro de Descartes:* emoção, razão e o cérebro humano. São Paulo: Companhia das Letras, 2012.
KLEIN, Stefan. *A fórmula da felicidade.* Rio de Janeiro: Sextante, 2005.
EKMAN, Paul. *A Linguagem das emoções.* São Paulo: Lua de Papel, 2011.
GOLEMAN, Daniel. *Inteligência emocional.* Rio de Janeiro: Objetiva, 2006.

ESTAMOS CANSADOS DE SENTIR MEDO

http://revistagalileu.globo.com/EditoraGlobo/componentes/article/edg_article_print/0,3916,610967-2989-2,00.html
GOLEMAN, Daniel. *Inteligência emocional.* Rio de Janeiro: Objetiva, 2006.
BROWN, Brené. *A coragem de ser imperfeito.* Rio de Janeiro: Sextante, 2016.
https://www.techtudo.com.br/noticias/2017/05/o-que-e-fomo-fear-of-missing-out-revela-o-medo-de-ficar-por-fora-nas-redes-sociais.ghtml

ANSIEDADE, MAL DO SÉCULO

CLARK, David A.; BECK, Aaron T. *Terapia cognitiva para os transtornos de ansiedade:* ciência e prática. Porto Alegre: Artmed, 2012.
SILVA, Ana Beatriz Barbosa. *Mentes Ansiosas:* medo e ansiedade nossos de cada dia. 2.ed. São Paulo: Principium, 2017.
https://doi.org/10.1590/S1516-44462000000600006
https://www.uol.com.br/vivabem/noticias/redacao/2019/05/09/ansiedade-e-depressao-podem-ocorrer-ao-mesmo-tempo.htm

DEPRESSÃO NÃO É FRESCURA

https://www.uol.com.br/vivabem/noticias/redacao/2019/10/10/dia-mundial-da-saude-mental-brasil-lidera-ranking-de-depressao-e-ansiedade.htm
https://www.cnnbrasil.com.br/saude/2021/02/08/brasil-lidera-casos-de-depressao-na-quarentena-aponta-pesquisa-da-usp
LEAHY, Robert L. *Vença a depressão antes que ela vença você.* Porto Alegre: Artmed, 2015.
https://drauziovarella.uol.com.br/doencas-e-sintomas/depressao/
BECK, Judith S. *Terapia Cognitivo-Comportamental:* teoria e prática. 2.ed. Porto Alegre: Artmed, 2014.
https://youtu.be/3JDak4fICL0

A VERGONHA DE TER "CULPA NO CARTÓRIO"

GOLEMAN, Daniel. *Inteligência social*. Rio de Janeiro: Objetiva, 2012.
CARNEGIE, Donna Dale. *Como fazer amigos e influenciar pessoas na era digital*. Rio de Janeiro: Sextante, 2020.
BROWN, Brené. *A Coragem de ser imperfeito*. Rio de Janeiro: Sextante, 2016.
MAXWELL, John C. *Às vezes você ganha, às vezes você aprende*. Rio de Janeiro: CPAD, 2017.

ESTRESSADOS, NÓS?

https://www.uol.com.br/vivabem/noticias/redacao/2020/11/09/por-que-tanta-gente-gosta-de-discutir-nas-redes-sociais.htm
LANIER, Jaron. *Dez argumentos para você deletar agora suas redes sociais*. Rio de Janeiro: Intrínseca, 2018.
https://www.tuasaude.com/cortisol/
GOLEMAN, Daniel. *Inteligência social*. Rio de Janeiro: Objetiva, 2012.
DAVIDSON, Richard J.; BEGLEY, Sharon. *O estilo emocional docCérebro*. Rio de Janeiro: Sextante.
GAZZANIGA, Michael. *Ciência psicológica*. 5.ed. Porto Alegre: Artmed, 2018.
https://g1.globo.com/bemestar/noticia/2018/11/09/diminuicao-do-uso-redes-sociais-reduz-depressao-e-solidao-diz-novo-estudo.ghtml
https://www.techtudo.com.br/noticias/2019/10/redes-sociais-geram-ansiedade-e-depressao-em-jovens-brasileiros-diz-estudo.ghtml
https://www.selecoes.com.br/saude/o-risco-de-depressao-e-ansiedade-com-o-mau-uso-das-redes-sociais/

O DIVÓRCIO DA VIDA

https://www.sabado.pt/vida/detalhe/sao-as-redes-sociais-um-fator-para-o-aumento-dos-suicidios-adolescentes
https://www.bbc.com/news/av/uk-50186418
https://www.bbc.com/portuguese/geral-49636666
https://exame.com/brasil/serie-da-netflix-faz-crescer-busca-pelo-cvv-em-445/
LEAHY, Robert L. *Vença a depressão antes que ela vença você*. Porto Alegre: Artmed, 2015.
https://www.uol.com.br/universa/noticias/redacao/2017/12/19/por-que-as-redes-sociais-estao-levando-jovens-a-se-matar.htm
https://www.cvv.org.br/

CAPÍTULO 5

A FORÇA DO PENSAMENTO

https://www1.folha.uol.com.br/fsp/ilustrad/fq3003200716.htm
BYRNE, Rhonda. *O segredo*. Rio de Janeiro: Sextante, 2015.
BECK, Judith S. *Terapia Cognitivo-Comportamental*: teoria e prática. 2.ed. Porto Alegre: Artmed, 2014.
WRIGHT, Jesse H. [et al.]. *Aprendendo a Terapia Cognitivo-Comportamental*: um guia ilustrado. 2.ed. Porto Alegre: Artmed, 2019.

O PODER DAS CRENÇAS

BECK, Judith S. *Terapia Cognitivo-Comportamental*: teoria e prática. 2.ed. Porto Alegre: Artmed, 2014.
GREENBERGER, Dennis; PADESKY, Christine A. *A mente vencendo o humor:* mude como você se sente, mudando o modo como você pensa. 2.ed. Porto Alegre: Artmed, 2017.
LEAHY, Robert L. *Vença a depressão antes que ela vença você*. Porto Alegre: Artmed, 2015.
https://www.uol.com.br/vivabem/noticias/redacao/2019/11/11/crencas-limitantes-veja-o-que-sao-e-6-tipos-de-que-voce-precisa-se-livrar.htm

PENSO NO AUTOMÁTICO, LOGO EXISTO

WRIGHT, Jesse H. [et al.]. *Aprendendo a Terapia Cognitivo-Comportamental*: um guia ilustrado. 2.ed. Porto Alegre: Artmed, 2019.
BECK, Judith S. *Terapia Cognitivo-Comportamental*: teoria e prática. 2.ed. Porto Alegre: Artmed, 2014.

FILTROS DISTORCIDOS

BRANCH, Rhena; WILLSON, Rob. *Terapia Cognitivo-Comportamental para leigos*. 2.ed. Rio de Janeiro: Alta Books, 2018.
BECK, Judith S. *Terapia Cognitivo-Comportamental*: teoria e prática. 2.ed. Porto Alegre: Artmed, 2014.
LEAHY, Robert. *Como lidar com as preocupações:* sete passos para impedir que elas paralisem você. Porto Alegre: Artmed, 2007.

José, Fernando Elias. *Concursos:* faça sem medo - guia cognitivo-comportamental para a aprovação em concursos. Novo Hamburgo: Sinopsys, 2019.

"PENSAMENTOS" RIMA COM "SENTIMENTOS"

RANGÉ, Bernard P. [et. al.] (orgs.). *Psicoeducação em Terapia Cognitivo-comportamental,* Novo Hamburgo: Sinopsys, 2019.

BECK, Judith S. *Terapia Cognitivo-Comportamental:* teoria e prática. 2.ed. Porto Alegre: Artmed, 2014.

LEAHY, Robert. *Técnicas de Terapia Cognitiva:* manual do terapeuta. Porto Alegre: Artmed, 2006.

AFINAL, QUEM MANDA, O PENSADOR OU O PENSAMENTO?

LEAHY, Robert. *Não acredite em tudo que você sente.* Porto Alegre: Artmed, 2020.

https://www.vittude.com/blog/doencas-psicossomaticas/

LEAHY, Robert. *Técnicas de Terapia Cognitiva:* manual do terapeuta. Porto Alegre: Artmed, 2006.

https://g1.globo.com/educacao/noticia/pos-verdade-e-eleita-a-palavra-do-ano-pelo-dicionario-oxford.ghtml

https://www.lexico.com/definition/post-truth

https://istoe.com.br/william-waack-e-demitido-da-rede-globo/

EAGLEMAN, David. *Incógnito* – As vidas secretas do cérebro. Rio de Janeiro: Editora Rocco, 2012.

CAPÍTULO 6

COMPORTAMENTO: FONTE PARA JULGAMENTO

BOCK, Ana Mercês Bahia [et. al.] *Psicologias:* uma introdução ao estudo de Psicologia. 15.ed. São Paulo: Saraiva Educação, 2018.

MOREIRA, Márcio Borges; MEDEIROS, Carlos Augusto de. *Princípios básicos de análise do comportamento.* 2.ed. Porto Alegre: Artmed, 2019.

https://www.tecmundo.com.br/facebook/87092-psicologia-facebook-rede-social-tao-viciante-sucedida.htm

PRICE, Catherine. *Celular:* como dar um tempo. São Paulo: Fontanar, 2018.

LANIER, Jaron. *Dez argumentos para você deletar agora suas redes sociais.* Rio de Janeiro: Intrínseca, 2018.

VITRINES SOCIAIS

HARDY, Benjamin. *Força de vontade não funciona*. Rio de Janeiro: LeYa, 2018.
https://www.diariodaamazonia.com.br/receita-federal-de-olho-nas-redes-sociais/

PERFIS CONECTADOS, VIDAS DESCONECTADAS

ABREU, Cristiano Nabuco de. *Psicologia do cotidiano:* como vivemos, pensamos e nos relacionamos hoje. Porto Alegre: Artmed, 2016.
http://revistacrescer.globo.com/Revista/Crescer/0,,EMI312221-10587,00-SMARTPHONES+SAO+A+NOVA+ESTRATEGIA+PARA+ACALMAR+AS+CRIANCAS.html
https://www.bbc.com/portuguese/geral-48438661
BANDEIRA, Nehemias; RONCHI, Carlos César. *Redes sociais:* a doce tirania das vidas expostas, ensaios sobre a transformação do viver e sobreviver na Era das Redes. Curitiba: Juruá, 2019.
ABREU, Cristiano Nabuco de. *Psicologia do cotidiano 2:* como a ciência explica o comportamento humano. Porto Alegre: Artmed, 2020.
https://canaltech.com.br/curiosidades/diferencas-entre-nerd-e-geek-46381/
https://www.uol.com.br/universa/noticias/redacao/2015/01/12/por-que-algumas-pessoas-mostram-seu-pior-lado-na-internet.htm

AUTOESTIMA E AUTOCONTROLE

https://www.minhavida.com.br/bem-estar/tudo-sobre/34377-autoestima
BROWN, Brené. *A coragem de ser imperfeito*. Rio de Janeiro: Sextante, 2016.
BAUMEISTER, R.F. Tierney, J. *Força De Vontade* - A redescoberta do poder humano. São Paulo: Lafonte, 2012.
https://g1.globo.com/economia/educacao-financeira/blog/samy-dana/post/2018/10/28/qual-a-chance-de-ser-condenado-se-o-juiz-estiver-com-fome.ghtml

DISTRAÇÃO E PROCRASTINAÇÃO

FERRARI, Joseph R. *Still procrastinating:* The no regrets guide to getting It done. New Jersey: Wiley, 2010.
https://forbes.com.br/carreira/2018/11/10-maneiras-de-romper-o-ciclo-da-procrastinacao/

O PODER DO HÁBITO

DUHIGG, Charles. *O poder do hábito:* por que fazemos o que fazemos na vida e nos negócios. Rio de Janeiro: Objetiva, 2012.

https://epocanegocios.globo.com/Vida/noticia/2018/09/cinco-maneiras-de-eliminar-um-habito-ruim-segundo-ciencia.html

https://g1.globo.com/ciencia-e-saude/viva-voce/noticia/2019/07/03/perdoar-e-bom-para-saude-e-para-a-alma-diz-terapeuta-frances.ghtml

QUESTIONAMENTO SOCRÁTICO

Vários colaboradores. *O livro da filosofia.* São Paulo: Globo, 2011.

https://pt.wikipedia.org/wiki/Questionamento_socr%C3%A1tico

WHITMORE, John. *Coaching para performance:* os princípios e práticas de coaching e liderança. 5.ed. Rio de Janeiro: Qualitymark, 2020.

CAPÍTULO 7

QUEM SOU EU PARA JULGAR?

CALLIGARIS, Contardo. *Cartas a um jovem terapeuta:* reflexões para psicoterapeutas, aspirantes e curiosos. São Paulo: Planeta do Brasil, 2019.

FRANCISCO, Papa. *Quem sou eu para julgar?* Rio de Janeiro: LeYa, 2017.

https://www.bibliaonline.com.br/nvi/lc/6/37

https://www.bibliaonline.com.br/nvi/jo/8

https://www.youtube.com/watch?v=_nBxXm5viQQ

https://gauchazh.clicrbs.com.br/comportamento/noticia/2020/09/a-gente-pune-para-criar-um-sentimento-ilusorio-de-purificacao-da-alma-diz-psicanalista-ckf76o65j0066014ri6qttk65.html

https://gamarevista.com.br/semana/ta-com-medo/o-medo-da-cultura-do-cancelamento/

CANCELANDO O CANCELAMENTO

https://www.youtube.com/watch?v=qiiWdTz_MNc
https://www.revistabula.
  com/27766-10-historias-tristes-sobre-a-vida-de-joaquin-phoenix-o-coringa/
https://youtu.be/D-1y9effOqQ
https://revistaquem.globo.com/Entrevista/noticia/2020/08/fabio-porchat-
  sobre-mensagens-de-haters-na-web-o-odio-engaja.html
https://www.instagram.com/tv/CBwMHKiBOob/?utm_source=ig_web_copy_link
https://harpers.org/a-letter-on-justice-and-open-debate/
https://exame.com/casual/j-k-rowling-e-outros-149-assinam-
  carta-contra-cultura-do-cancelamento/

O DILEMA DAS REDES

https://exame.com/casual/
  buscas-por-excluir-facebook-crescem-250-apos-filme-o-dilema-das-redes/
https://epocanegocios.globo.com/Empresa/noticia/2020/10/facebook-
  responde-criticas-do-documentario-o-dilema-das-redes.html
https://jornal140.com/2019/11/15/a-era-do-capitalismo-
  de-vigilancia-a-materia-prima-somos-nos/
https://www.uol.com.br/tilt/noticias/redacao/2020/09/15/o-dilema-das-
  redes-filme-da-netflix-liga-redes-sociais-ao-vicio-em-drogas.htm
LANIER, Jaron. *Dez argumentos para você deletar agora suas
  redes sociais*. Rio de Janeiro: Intrínseca, 2018.
https://gauchazh.clicrbs.com.br/donna/colunistas/martha-medeiros/
  noticia/2020/09/enquanto-assistia-ao-documentario-o-dilema-das-redes-meu-
  coracao-disparava-parecia-filme-de-terror-ckffobqvm006t014k21j8rv8l.html
PRICE, Catherine. *Celular: como dar um tempo*. São Paulo: Fontanar, 2018.
BANDEIRA, Nehemias; RONCHI, Carlos César. *Redes sociais: a doce
  tirania das vidas expostas, ensaios sobre a transformação do
  viver e sobreviver na Era das Redes*. Curitiba: Juruá, 2019.
https://canaltech.com.br/redes-sociais/Facebook-sera-investigado-
  apos-manipular-timeline-de-quase-700-mil-usuarios/
HARDY, Benjamin. *Força de vontade não funciona*. Rio de Janeiro: LeYa, 2018.
https://youtu.be/GEWnXmDfVZg

O ÓDIO ALIMENTA O ÓDIO E VICE-VERSA

https://brasil.elpais.com/brasil/2017/12/12/ciencia/1513073061_342064.html
GOLEMAN, Daniel. *Inteligência emocional*. Rio de Janeiro: Objetiva, 2006.
BANDEIRA, Nehemias; RONCHI, Carlos César. *Redes sociais*: a doce tirania das vidas expostas, ensaios sobre a transformação do viver e sobreviver na Era das Redes. Curitiba: Juruá, 2019.
https://exame.com/tecnologia/facebook-e-twitter-se-unem-no-combate-contra-discurso-de-odio-na-web/
https://www.correiodopovo.com.br/podcasts/direto-ao-ponto/o-boicote-ao-facebook-e-o-discurso-de-%C3%B3dio-nas-redes-sociais-1.445314
https://www.stophateforprofit.org/
https://g1.globo.com/economia/tecnologia/noticia/2020/11/19/facebook-identifica-221-milhoes-de-conteudos-com-discurso-de-odio-no-3o-trimestre-de-2020.ghtml
RONSON, Jon. *Humilhado*: como a era da Internet mudou o julgamento público. Rio de Janeiro: Bestseller, 2016.
https://www.bbc.com/portuguese/geral-49640933
https://www.meioemensagem.com.br/home/comunicacao/2019/04/12/sprite-desarma-hater-em-novo-experimento-social.html
https://www.youtube.com/watch?v=MeS7EpikERc&feature=emb_logo

CULTURA DA VERGONHA E DA HUMILHAÇÃO

KRZNARIC, Roman. *O poder da empatia:* a arte de se colocar no lugar do outro para transformar o mundo. Rio de Janeiro: Zahar, 2015.
DUNKER, Christian. Reinvenção da intimidade: *políticas do sofrimento cotidiano*. São Paulo: Ubu Editora, 2017.
BROWN, Brené. *A coragem de ser imperfeito*. Rio de Janeiro: Sextante, 2016.
https://neilpatel.com/br/blog/marketing-para-instagram/
https://brasil.elpais.com/brasil/2019/08/08/tecnologia/1565254902_316396.html
https://youtu.be/H_8y0WLm78U
https://amenteemaravilhosa.com.br/humilhacao-ataque-identidade/

A PERFEIÇÃO PARA SER IMPERFEITO

BROWN, Brené. *A coragem de ser imperfeito*. Rio de Janeiro: Sextante, 2016.

🌐 editoraletramento.com.br
📷 editoraletramento
f editoraletramento   in company/grupoeditorialletramento
🐦 grupoletramento   ✉ contato@editoraletramento.com.br

🌐 casadodireito.com   f casadodireitoed   📷 casadodireito